CADERNO DE APRENDIZAGEM

VOLUME 3

ENSINO FUNDAMENTAL

LÍNGUA PORTUGUESA

IBEP

1ª edição
São Paulo — 2022

Caderno de Aprendizagem
Língua portuguesa 3º ano
3º ano

Presidência	Jorge Yunes
Diretora editorial	Célia Assis
Coordenadora editorial	Viviane Mendes Gonçalves
Editora	Adriane Gozzo
Assistentes editoriais	Daniela Venerando e Patrícia Mochon Ruiz
Revisoras	Yara Affonso e Erika Alonso
Coordenação do projeto	Rebeca Helangela Albuquerque Mendes
Supervisão da produção de conteúdo	Sarah Diva Ipiranga
Produção de conteúdo	Ana Cecilia Machado Dias
Secretaria editorial e processos	Elza Mizue Hata Fujihara
Arte	Aline Benitez
Ilustração	José Luís Juhas | Ilustra Cartoon
Produção gráfica	Marcelo Ribeiro
Projeto gráfico e capa	Aline Benitez
Ilustração de capa	Vanessa Alexandre
Diagramação	Nany Produções Gráficas

Impressão e Acabamento
Oceano Indústria Gráfica e Editora Ltda
Rua Osasco, 644 - Rod. Anhanguera, Km 33
CEP 07753-040 - Cajamar - SP
CNPJ: 67.795.906/0001-10

Dados Internacionais de Catalogação na Publicação (CIP) de acordo com ISBD

I12c IBEP - Instituto Brasileiro de Edições Pedagógicas

Caderno de Aprendizagem: Língua Portuguesa / IBEP - Instituto Brasileiro de Edições Pedagógicas. - São Paulo : IBEP - Instituto Brasileiro de Edições Pedagógicas, 2022.
144 p. : il. ; 20,5cm x 27,5cm. – (Caderno de Aprendizagem ; v.3)

ISBN: 978-65-5696-304-4 (aluno)
ISBN: 978-65-5696-305-1 (professor)

1. Ensino Fundamental Anos Iniciais. 2. Livro didático. 3. Língua Portuguesa. 4. Astronomia. 5. Animais. 6. Ciclo de vida. 7. Solo. 8. Som. 9. Luz. I. Título. II. Série.

2022-2780 CDD 372.07
CDU 372.4

Elaborado por Vagner Rodolfo da Silva - CRB-8/9410

Índice para catálogo sistemático:
1. Educação - Ensino fundamental: Livro didático 372.07
2. Educação - Ensino fundamental: Livro didático 372.4

Impressão - Gráfica Oceano, Outubro 2022

Rua Gomes de Carvalho, 1306, 11º andar, Vila Olímpia
São Paulo – SP – 04547-005 - Brasil – Tel.: (11) 2799-7799
www.editoraibep.com.br | editoras@ibep-nacional.com.br

APRESENTAÇÃO

Prezado estudante,

Este material foi elaborado para que você possa realizar diversas atividades de Língua Portuguesa para desenvolver mais ainda suas aprendizagens nessa disciplina.

O livro está organizado em sequências. Cada uma delas começa com um texto que pode ser um poema, uma cantiga, uma canção, uma parlenda e até uma imagem. Com base nele, você é estimulado a realizar várias atividades sobre o que entendeu desse texto e de outros aspectos ligados ao ensino de Língua Portuguesa, disciplina tão importante para a sua comunicação com o mundo.

Ao final, nosso Diário de Bordo registra os conhecimentos que foram tratados em cada sequência, permitindo que você os retome caso sinta necessidade.

Temos certeza de que o **Caderno de Aprendizagem** será um grande aliado em seu processo de desenvolvimento escolar.

Bons estudos!

Os editores.

SUMÁRIO

SEQUÊNCIA 1

VAMOS CONVERSAR!

Leia o *e-mail* que Helena escreveu para a amiga Clara.

De: helena@email.com.br
Para: clarinha@email.com.br
Assunto: Feliz aniversário

Oiê!

Feliz a-ni-ver-sá-rio, minha amigaaaaa!

OLYA MAXIMENKO/SHUTTERSTOCK

Adorei saber que você ganhou um filhote de labrador.

Eu também tenho um em casa. O nome dele é Loki. Ele completará 1 ano no mês que vem. Ele está e-nor-me!!! Prepare-se, que o seu tb vai crescer! Veja a foto. Clarinha, responda a este *e-mail* contando como está o seu filhote. Ele é sapeca? Corre pela casa toda? Destrói tudo o que vê pela frente (kkkkkk)?

Bj.

Helena

Enviar

1. No *e-mail* que Helena enviou a Clara, a linguagem utilizada foi:

☐ formal. ☐ informal.

2. O que caracteriza a linguagem informal do *e-mail*?

____

____

____

3. Qual foi o motivo da comunicação entre as duas amigas?

____

____

VAMOS ENTENDER!

Como você já sabe, cada parte de uma palavra é chamada de **sílaba**.

1. Observe as imagens e escreva o nome de cada animal nos quadrinhos, separando as sílabas. Siga o modelo.

UMPORNMAHA/ SHUTTERSTOCK

a	ra	ra

AKSENOVA NATALYA/ SHUTTERSTOCK

FOUR OAKS/SHUTTERSTOCK

SONSEDSKA YULLIA/ SHUTTERSTOCK

NELIKSHUTTERSTOCK

PAKHNYUSHCHY/ SHUTTERSTOCK

2. Observe as palavras a seguir e indique, nos quadrinhos, a quantidade de sílabas de cada uma delas.

a) não ☐

b) bicicleta ☐

c) pó ☐

d) árvore ☐

e) amarelo ☐

f) imaginação ☐

g) trem ☐

h) abóbora ☐

As palavras são classificadas de acordo com o número de sílabas que possuem.

- **Monossílabas**: apresentam uma única sílaba. Exemplos: mão, pé, chá.
- **Dissílabas**: apresentam duas sílabas. Exemplos: cabo, mata, belo.
- **Trissílabas**: apresentam três sílabas. Exemplos: palavra, caderno, teclado.
- **Polissílabas**: apresentam quatro sílabas ou mais. Exemplos: amoroso, enciclopédia, engenheiro.

3. Preencha o quadro a seguir, de acordo com o modelo.

Palavra	Separação silábica	Número de sílabas	Classificação
telefone	te-le-fo-ne	4	polissílaba
rã			
cinto			
carro			
peixada			
brinquedo			

4. Leias as frases a seguir. Depois, sublinhe as palavras dissílabas e circule as polissílabas.

a) Você deve participar mais das festividades da escola.

b) O motorista do ônibus é muito educado.

c) Aquele bolo está bastante saboroso.

d) Como é bela a bandeira brasileira!

5. Pense, pesquise e escreva palavras que tenham, pelo menos, uma sílaba formada por:

a) uma consoante, uma vogal e uma consoante.

____

____

b) duas consoantes, uma vogal e uma consoante.

____

____

c) uma vogal e uma consoante.

____

____

d) uma consoante e duas vogais.

____

____

e) duas consoantes e uma vogal.

____

____

____

6. Leia as pistas, descubra de qual animal se trata e, depois, classifique o nome desse animal quanto ao número de sílabas.

a) 2ª sílaba de amor
1ª sílaba de cegueira
3ª sílaba de amargo

Animal	Classificação

b) 2ª sílaba de foguete
1ª sílaba de particular
4ª sílaba de cadeado

Animal	Classificação

c) 1ª sílaba de rio
2ª sílaba de canoa
1ª sílaba de cebola
1ª sílaba de ronco
3ª sílaba de estante

Animal	Classificação

VAMOS ESCREVER!

1. Utilize as sílabas do quadro para completar as palavras a seguir. **Dica:** todas as palavras são nomes de animais!

va	a	gão	ca	qui	co	bi	nha

a) sa_____á

b) balei_____

c) _____chorro

d) ca_____lo

e) _____bra

f) ara_____

g) dra_____

h) es_____lo

2. As inscrições para a turma de teatro da escola estão abertas! Para se inscrever, é preciso enviar um *e-mail* para vivavida@escola.com e explicar por que você quer fazer parte da turma. Escreva o *e-mail*, solicitando sua inscrição.

De:

Para:

Assunto:

____

____

____

____

____

____

____

____

Enviar

DIÁRIO DE BORDO

Nestas atividades, você aprendeu:

- a estrutura e a linguagem utilizadas em *e-mails*;
- a classificação das palavras quanto ao número de sílabas;
- as diferentes combinações de vogais e consoantes em uma mesma sílaba.

SEQUÊNCIA 2

VAMOS CONVERSAR!

Leia as regras do jogo STOP, também conhecido como Adedonha ou Adedanha.

IGOR ZOIKO/SHUTTERSTOCK

Participantes: de 2 a 8 jogadores.

Material: papel e caneta.

Modo de jogar:

- Distribua papel e caneta a todos os participantes.
- Desenhe um quadro e, nele, escreva uma categoria por coluna, como no exemplo a seguir.
  A última coluna será utilizada para computar a pontuação de cada jogada.

Fruta	Animal	Lugar	Pessoa	Total

- Escolha uma letra para definir a letra inicial das palavras.
- O jogador que terminar de preencher seu quadro primeiro grita STOP, e todos os participantes param de escrever.
- Cada palavra igual entre os jogadores vale 5 pontos, e cada palavra única vale 10 pontos.
- Somam-se os pontos e, na coluna Total, registra-se a pontuação.
- O jogo recomeça com a escolha de nova letra.
- Vence aquele que obtiver mais pontos ao final da quantidade de rodadas combinada entre os participantes.

1. O jogo STOP fica mais divertido com um bom número de participantes. De acordo com o texto, qual é o número ideal de jogadores?

- [ ] De 2 a 5 jogadores.
- [ ] De 2 a 8 jogadores.
- [ ] De 2 a 7 jogadores.
- [ ] De 2 a 10 jogadores.

2. Quais são os materiais necessários para jogar STOP?

____

3. Como é possível saber quem venceu o jogo?

____

____

____

4. Que outras categorias podem ser acrescentadas ao jogo?

____

____

VAMOS ENTENDER!

Além da classificação quanto ao número de sílabas, as palavras podem ser classificadas quanto à sílaba tônica, que é aquela pronunciada com mais intensidade.

1. Em voz alta, leia as palavras a seguir, circule a sílaba tônica e marque um **X** no lugar que ela ocupa na palavra.

Palavra	**Antepenúltima sílaba**	**Penúltima sílaba**	**Última sílaba**
árvore			
argola			
artificial			
carinho			
abacaxi			
baú			

2. Separe as palavras em sílabas e pinte o quadrinho da sílaba tônica de cada uma delas.

a) chave: ______________________________

☐ última ☐ penúltima ☐ antepenúltima

b) médico: ______________________________

☐ última ☐ penúltima ☐ antepenúltima

c) boneca: ______________________________

☐ última ☐ penúltima ☐ antepenúltima

d) pássaro: ______________________________

☐ última ☐ penúltima ☐ antepenúltima

e) café: ______________________________

☐ última ☐ penúltima ☐ antepenúltima

De acordo com a sílaba tônica, classificamos as palavras em:

- **Proparoxítonas**: a sílaba tônica é a antepenúltima. Exemplos: árvore, xícara, matemática.
- **Paroxítonas**: a sílaba tônica é a penúltima. Exemplos: argola, relógio, tesouro.
- **Oxítonas**: a sílaba tônica é a última. Exemplos: português, artificial, sofá, café.

3. Relacione as palavras de acordo com a classificação correta.

I. Oxítona II. Paroxítona III. Proparoxítona

☐ amarelo
☐ azul
☐ marfim
☐ vermelho

☐ preto
☐ laranja
☐ púrpura
☐ lilás

VIC DD/SHUTTERSTOCK

4. Escreva corretamente as palavras do quadro nas respectivas colunas.

simpático	palavra	trabalho	úmido	dinheiro	
jornal	ônibus	feliz	máquina	besouro	escola
falcão	sofá	farol	lâmpada		

Proparoxítonas	Paroxítonas	Oxítonas
__________	__________	__________
__________	__________	__________
__________	__________	__________
__________	__________	__________
__________	__________	__________

5. Leia as frases a seguir e indique a classificação correta das palavras destacadas.

a) **Sábado** é dia de descanso.

☐ oxítona ☐ paroxítona ☐ proparoxítona

b) A professora pediu **lápis** de cor, papel e cola para a aula de Arte.

☐ oxítona ☐ paroxítona ☐ proparoxítona

c) Minha mãe leu uma linda **fábula** para mim.

☐ oxítona ☐ paroxítona ☐ proparoxítona

d) **Parabéns** pelo seu aniversário!

☐ oxítona ☐ paroxítona ☐ proparoxítona

VAMOS ESCREVER!

1. Vamos preencher o quadro da brincadeira STOP! Para cada letra, escreva uma palavra que corresponda ao tema.

Letra	Fruta	Animal	Cor
M	________	________	________
R	________	________	________
A	________	________	________
F	________	________	________
O	________	________	________

2. Agora que você já sabe como se organizam as regras de um jogo, escolha uma brincadeira conhecida e, no caderno, escreva suas regras e o modo de brincar, sem se esquecer de apresentar:

- o título da brincadeira;
- o número de participantes;
- o material necessário;
- as regras da brincadeira;
- o modo de brincar.

DIÁRIO DE BORDO

Nestas atividades, você aprendeu:

- o gênero textual instrucional e a organização das regras de um jogo;
- a classificação das palavras quanto à sílaba tônica.

SEQUÊNCIA 3

VAMOS CONVERSAR!

A anedota, também conhecida como piada, é uma narrativa breve de um fato engraçado. No entanto, é preciso ter cuidado com os temas; nada deve ser ofensivo! Risadas e respeito precisam combinar nesse gênero.

Leia as anedotas a seguir.

Anedota 1

O que uma pulga disse à outra?
– Vamos a pé ou esperamos pelo cachorro?

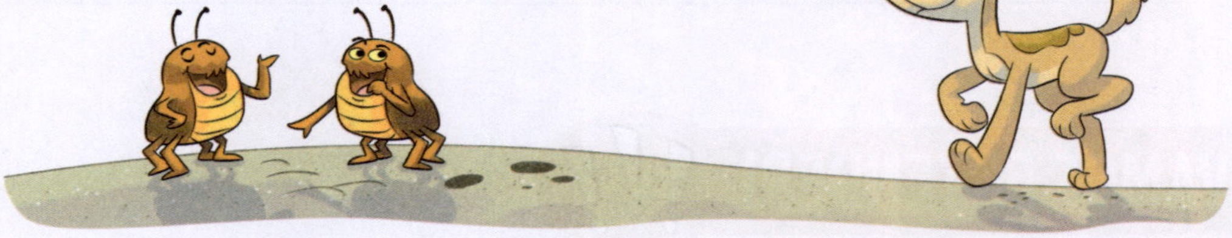

Anedota 2

Uma senhora está no portão de casa com seu gato.
Um homem se aproxima e pergunta:
– Arranha?
Ela responde:
– Não, gato.

Anedota 3

No Natal, Joãozinho ganhou uma bicicleta. E foi logo experimentá-la.

– Olha, mamãe, sem uma mão!

Após dar uma volta, ele retorna e diz:

– Olha, mamãe, sem as duas mãos!

Quando voltou a passar pela mãe, na terceira vez, exclamou:

– Olha, mamãe... Sem dentes!

1. Qual é o objetivo desses textos que você acabou de ler?

☐ Informar. ☐ Divertir. ☐ Emocionar.

2. Explique, oralmente, o que você compreendeu do humor de cada anedota.

3. Em qual anedota todos os personagens são animais?

____

VAMOS ENTENDER!

1. Leia as palavras a seguir em voz alta e responda às questões.

pé mãe mão pá lê

a) Todas as palavras do quadro são:

☐ monossílabas. ☐ dissílabas.

☐ trissílabas. ☐ polissílabas.

b) Escreva as palavras que apresentam:

acento agudo: ______________________________

acento circunflexo: ______________________________

til: ______________________________

c) Qual é a diferença entre o acento agudo, o acento circunflexo e o til?

____

____

____

Todas as palavras da atividade **1** têm significado próprio e são pronunciadas com intensidade. Por essa razão, são denominadas **monossílabas tônicas**.

- O **acento circunflexo** indica que a pronúncia da palavra deve ser fechada. Exemplo: avô.
- O **acento agudo** indica que a pronúncia da palavra deve ser aberta. Exemplo: nó.
- O **til** indica som nasal. Exemplo: pão.
- Os **monossílabos tônicos** são acentuados quando terminados em **a**(**s**), **e**(**s**), **o**(**s**). Exemplos: pá, pé, pó, mês, vê.

2. Acentue os monossílabos tônicos a seguir, de acordo com as regras apresentadas anteriormente.

mel	giz	pas	ma
paz	pa	dez	ve
mes	sal	avo	gol

3. Leia o bilhete que Letícia escreveu para sua mãe.

Mamãe,

Marquei um encontro com minha amiga Tita na pracinha perto da escola.

A vo dela vai levá-la até la. O meu vo disse que nesta praça ha muitos brinquedos legais. Quem sabe a gente não encontra mais uma criança e seremos tres para brincar?

Estou muito animada!

Antes de escurecer, a vo da Tita me trará de volta.

Beijos!

Sua filha Letícia.

- Letícia se esqueceu de acentuar algumas palavras do bilhete. Releia-o e escreva as palavras que exigem acento. **Dica:** todas as palavras são monossílabas!

____

4. Leia as palavras a seguir em voz alta e, em seguida, organize-as no quadro.

do mas e dê más dó é de

Monossílabos não acentuados	Monossílabos acentuados

5. Em cada coluna há um monossílabo que deve ser acentuado. Pinte esses monossílabos e reescreva cada um deles corretamente no espaço indicado.

cor	sem	mes
quem	ceu	mas
tres	ou	com

_______________ _______________ _______________

6. Agora o desafio é maior! Pinte os monossílabos que devem ser acentuados e cujas vogais têm som fechado. Em seguida, escreva as palavras corretamente no local indicado.

pe	cha	pa
le	de	tres
la	ja	fe

_______________ _______________ _______________

VAMOS ESCREVER!

1. Leia a parlenda a seguir.

Um, dois,
feijão com arroz;
três, quatro,
feijão no prato;
cinco, seis,
falar inglês;
sete, oito,
comer biscoito;
nove, dez,
comer pastéis.

Domínio público. Cultura popular.

a) Sublinhe, na parlenda, todos os numerais monossílabos.

b) Reescreva a parlenda, trocando os versos destacados por outros que você vai criar. Não se esqueça de tentar manter as rimas.

DIÁRIO DE BORDO

Nestas atividades, você aprendeu:

- o gênero textual anedota e o humor que há implícito nelas;
- os monossílabos tônicos e suas regras de acentuação.

SEQUÊNCIA 4

VAMOS CONVERSAR!

A entrevista é um gênero textual com função geralmente informativa, cuja estrutura se organiza em diálogos entre o entrevistador e o entrevistado. Os objetivos são tornar públicas as opiniões do entrevistado, conhecê-lo melhor, entre outros assuntos.

Leia um trecho de uma entrevista com a escritora e quadrinista Clara Gomes, criadora de *Bichinhos de Jardim*.

Direto da Toca: Exclusivo: Clara Gomes fala sobre seus "Bichinhos de Jardim"

Imagine uma surpreendente turminha formada pelos mais clássicos bichinhos, daqueles que encontramos em todo bom jardim.

Uma sincera (até demais!) joaninha, um caracol romântico (e eternamente apaixonado por uma borboleta com ares de *Top Model*), uma minhoca gentil, uma plantinha carnívora com resposta para tudo, um minúsculo e silencioso lagarto e a mais nova estrela: um tatu-bolinha bebê, que promete muitas risadas aos leitores das historinhas. Impossível não se apaixonar!

Esse é o incrível mundo [...] criado pela quadrinista **Clara Gomes**. [...]

[...] *A Toupeira* teve a honra de entrevistá-la. [...]

A Toupeira: "Bichinhos de Jardim" é uma tirinha com traços infantis, porém com humor por vezes "ácido". Essa combinação foi planejada desde o início?

Clara Gomes: Meu desenho sempre foi fofo, e as histórias, no princípio, eram bem bobas. Com o tempo é que encontrei o tom dos personagens – com um humor um pouco mais questionador do que se esperaria de bichinhos aparentemente tão pueris.

[...]

AT: As personalidades dos bichinhos são bem distintas. Você se baseou em alguém para defini-las?

CG: Não diretamente, mas minha família paterna foi uma das inspirações para a Joaninha. Algumas características como o tempero entre agressividade, mau humor, senso de justiça e o desejo de "consertar" o mundo vêm deles. Nunca estudei formalmente para criar personagens e combinar suas personalidades, mas tento perceber como isso funciona nos seriados de comédia a que assisto, por exemplo. E principalmente na vida real, claro... Da mistura disso tudo, vou criando meu mundinho.

AT: Chega a surpreendê-la o fato de que os personagens mais queridos do público sejam Maria Joaninha Cascudo (com seu mau humor crônico) e Meleca (com seu silêncio absoluto)?

CG: A Joana não me surpreende, por ela ser a válvula de escape. É a mais reclamona, perspicaz, percebe bem a realidade – além de dar a palavra final em tudo: é a dona da verdade. É fácil se identificar com isso – nós somos assim, ou pelo menos pensamos ser. Já a relação dos leitores com o Meleca é bem mais interessante, porque ele é doce, reflexivo, misterioso. Ao mesmo tempo é como se fosse um bicho de estimação, que nunca fala nada, mas está sempre presente. Ele é o companheiro, eu acho.

[...]

DEBELLIS, Angela. Direto da toca: Exclusivo: Clara Gomes fala sobre seus "Bichinhos de Jardim". *A Toupeira*, 27 maio 2010. Disponível em: http://www.atoupeira.com.br. Acesso em: 8 fev. 2022.

1. Assinale as afirmativas verdadeiras em relação ao gênero textual entrevista.

- [ ] Em uma entrevista, há sempre entrevistador(es) e entrevistado(s).
- [ ] A entrevista tem como objetivo questionar pontos de vista e defender uma opinião para convencer o leitor.
- [ ] As entrevistas, geralmente, são publicadas em jornais, em revistas ou na internet.

2. Responda aos itens a seguir.

a) Na entrevista que você acabou de ler, quem é o(a) entrevistador(a)?

____

____

____

b) E quem é o(a) entrevistado(a)?

____

____

VAMOS ENTENDER!

Vamos relembrar o que são oxítonas?

As palavras **oxítonas** são aquelas em que a última sílaba é tônica (pronunciada com mais força) e podem ou não ser acentuadas. Recebem o acento gráfico as oxítonas terminadas em **a**(**s**), **e**(**s**), **o**(**s**) e **em**(**ens**).

1. Acentue corretamente as oxítonas a seguir e, depois, reescreva cada uma delas na coluna correspondente.

portugues	caraja	Parana	paleto
jacare	vatapa	cafe	guarana
japones	domino	robo	apos

Oxítonas terminadas em a(s)	Oxítonas terminadas em e(s)	Oxítonas terminadas em o(s)
___	___	___
___	___	___
___	___	___
___	___	___

2. Circule a sílaba tônica das palavras a seguir e acentue-as corretamente.

ninguem	armazens	alguem	parabens
alem	refens	tambem	

3. Marque a alternativa em que **todas** as palavras são oxítonas.

- [ ] Cavalo, amor, serpente.
- [ ] Jogo, anel, sabão.
- [ ] Amor, anel, sabão.
- [ ] Casa, feijão, arroz.

COLORFUEL STUDIO/SHUTTERSTOCK

VAMOS ESCREVER!

1. Leia a entrevista a seguir, em forma de tirinha, com os personagens de Clara Gomes, Bichinhos de Jardim.

CLARA GOMES

GOMES, Clara. *Bichinhos de Jardim.*

- Agora, pense em alguém que você gostaria muito de entrevistar e elabore seis perguntas que você faria ao(à) entrevistado(a).

Pergunta 1: ______________________________

____

Pergunta 2: ______________________________

____

Pergunta 3: ______________________________

____

Pergunta 4: ______________________________

____

Pergunta 5: ______________________________

____

Pergunta 6: ______________________________

____

DIÁRIO DE BORDO

Nestas atividades, você aprendeu:

- o gênero entrevista e suas características;
- a acentuação das oxítonas.

SEQUÊNCIA

5

VAMOS CONVERSAR!

Um infográfico é formado por imagens, textos e outros recursos visuais. Seu objetivo é apresentar um assunto de forma visual, tornando-o de fácil entendimento.

Leia o infográfico a seguir.

Os graus de risco de extinção das espécies

RISCO DE EXTINÇÃO (+)

EXTINTO (EX)
Espécies desaparecidas ao morrer o último dos seus exemplares vivos.

EXTINTO NA NATUREZA (EW)
Espécies com todos seus exemplares vivos em cativeiro.

CRITICAMENTE EM PERIGO OU EM PERIGO CRÍTICO (CR)
Espécies com um risco extremamente alto de extinção no estado selvagem.

EM PERIGO OU ENDANGERED (EN)
Espécies com todos seus exemplares vivos em perigo de extinção.

IBERDROLA/RISCO DE EXTINÇÃO DAS ESPÉCIES

RISCO DE EXTINÇÃO

VULNERÁVEL (VU)
Espécies ameaçadas com uma alta probabilidade de entrar em perigo de extinção.

QUASE AMEAÇADO (NT)
Espécies que não estão em perigo de extinção, mas estão perto ou podem estar no curto prazo.

MENOS PREOCUPANTE (LC)
Espécies que não correm perigo de desaparecer em um futuro próximo.

DADOS INSUFICIENTES (DD)
Espécies sem informações adequadas para avaliar seu risco de extinção.

NÃO AVALIADO (NE)
Espécies cujo estado de conservação ainda não foi determinado.

Fonte: UICN (União Internacional para a Conservação da Natureza).

IBERDROLA/RISCO DE EXTINÇÃO DAS ESPÉCIES

OS GRAUS de risco de extinção das espécies. Iberdrola. Disponível em: https://www.iberdrola.com/sustentabilidade/animais-salvos-da-extincao. Acesso em: 8 fev. 2022.

1. Segundo o infográfico, qual é a definição de animal extinto?

____

____

____

2. Como são classificadas as espécies que não correm perigo de desaparecer em um futuro próximo?

- [ ] Extintas na natureza.
- [ ] Vulneráveis.
- [ ] Menos preocupante.
- [ ] Quase ameaçadas.

VAMOS ENTENDER! !!!

Vamos relembrar o uso do **r** e do **rr**.

Quando o **r** inicia uma palavra, ele possui som forte, como em **risco**.

Quando o **r** aparece entre duas vogais, seu som é fraco, como em **caveira**.

O **rr** no meio da palavra tem som forte, como em **terra**.

Dica de ouro: não existem palavras iniciadas com **rr**.

1. Leia as palavras a seguir e separe-as no quadro conforme o som da letra **r**.

errado	marido	peru	barro
namorada	terra	pera	marreco
	caroço	bezerro	

RR	R entre vogais
__________	__________
__________	__________
__________	__________
__________	__________
__________	__________

2. Reescreva corretamente as palavras a seguir.

a) rrato: ____________________

b) baraco: ____________________

c) pofessor: ____________________

d) rrico: ____________________

e) abóborra: ____________________

f) aranhar: ____________________

3. Complete as palavras com **r** ou **rr**.

a) ____iqueza

b) to____ada

c) baila____ina

d) ja____a

e) escu____o

f) bo____acha

g) cadei____a

h) bete____aba

i) ____égua

j) ciga____a

4. Reorganize as sílabas e forme nomes de animais que têm as letras **r** ou **rr**.

a) ro-chor-ca: ____________________

b) nha-a-ra: ____________________

c) ra-ra-a: ____________________

d) fa-gi-ra: ____________________

e) sa-ra-po: ____________________

f) ru-pe: ____________________

g) gue-ca-jo-ran: ____________________

VAMOS ESCREVER!

- No infográfico da seção **Vamos conversar!**, você conheceu alguns animais em perigo de extinção. No Brasil, o lobo-guará, que vive principalmente no Centro-Oeste do país, é uma espécie que precisa urgentemente ser preservada. Monte um infográfico com as informações a seguir (imagem e texto) e compartilhe com a turma. Se desejar, inclua outras imagens.

a) **Nomes:** lobo-guará, lobo-de-crina, lobo-vermelho.

b) **Classificação:** mamífero.

c) **Tipo de vida:** solitário.

d) **Hábitat:** Cerrado e Pampa.

e) **Altura:** 1 metro.

f) **Peso:** de 20 a 30 quilogramas.

Ajude o lobo-guará!

ZANNA PESNINA/SHUTTERSTOCK

DIÁRIO DE BORDO

Nestas atividades, você aprendeu:

- o gênero textual infográfico e sua estrutura;
- a posição e o som da letra **r** nas palavras.

SEQUÊNCIA 6

VAMOS CONVERSAR!

O cordel é um gênero textual literário popular, caracterizado pelo uso de versos rimados e temas variados.

Leia o cordel a seguir.

Contando a história dos números

A história desse cordel
Faz tempo que começou
Há muitos e muitos anos
Quando o povo precisou
Contar o que possuía
Pra saber o seu valor

Era preciso contar
As ovelhas que criavam
Contavam também os bois
Os peixinhos que pescavam
O trigo que se colhia
E os animais que caçavam

Eles contavam também
O tanto de noite e dia
Para poder controlar
A plantação que nascia
O dia que se plantava
O dia que se colhia
[...]

CAMPOS, Ana Raquel. Contando a história dos números. *Cordel na Educação.* Disponível em: https://cordelnaeducacao.com.br/. Acesso em: 8 fev. 2022.

1. Qual é o tema do cordel que você acabou de ler?

- [ ] A história do cordel.
- [ ] A história das ovelhas.
- [ ] A história dos números.
- [ ] A história da humanidade.

2. Quantas estrofes há no cordel? _____ estrofes.

3. E quantos versos há em cada estrofe? _____ versos.

VAMOS ENTENDER!

Vamos relembrar o uso de **s** e **ss**?

O **s** no início e no fim de palavras apresenta som de **s**. Exemplos: sabedoria; animais.

Usa-se **ss** no meio de palavras, entre vogais, com som de **s**. Exemplos: massa; vassoura.

O **s** no meio de palavras, entre vogais, tem som de **z**. Exemplos: casa; tesoura.

O **s** no meio de palavras, entre vogais e consoantes (ou vice-versa), apresenta som de **s**. Exemplos: piscina; conservador.

Dica de ouro: não existem palavras iniciadas com **ss**.

1. Complete as palavras a seguir com **s** ou **ss**.

a) be_____ouro
b) gira_____ol
c) _____ol
d) dino_____auro
e) cami_____a
f) profe_____or
g) mú_____ico
h) _____apateiro
i) ca_____arão
j) pê_____ego

i) ca_____amento
j) _____urfe
k) pá_____aro
l) ago_____to
m) carro_____el
n) _____uspiro
o) trave_____eiro
p) o_____o
r) e_____cola
s) ca_____al

2. Leia as pistas e encontre as palavras no diagrama.

Dica: a letra **s** aparece em todas as palavras.

a) Colamos no envelope de uma carta.
b) Usamos para recortar papel.
c) Cômodo de uma casa.
d) Usamos para fazer pastel.
e) Todo pássaro tem.
f) Contrário de fino.

WHITEBARBIE/SHUTTERSTOCK

T	C	S	F	T	A	H	U	I	J
P	F	E	R	M	S	A	L	A	A
Z	C	L	T	V	A	G	L	P	I
I	C	O	Y	N	E	Q	G	T	U
S	C	O	I	M	A	S	S	A	J
O	T	E	S	O	U	R	A	I	S
A	C	V	L	G	R	O	S	S	O

O **s** também identifica as palavras no **plural**.
Exemplos: carro/carros; água/águas.

3. Reescreva as frases a seguir, colocando-as no plural.

a) Minha mão é muito macia.

____

____

b) O pai do menino chegou cedo.

____

____

c) Ontem machuquei meu pé.

____

____

d) O livro é maravilhoso!

____

____

VAMOS ESCREVER!

1. Vamos brincar com o cordel? Substitua as palavras destacadas por sinônimos que possuam a letra **s**. Mas mantenha a rima!

A história desse cordel
Faz tempo que começou
Há muitos e muitos anos
Quando o povo **precisou**
Contar o que possuía
Pra saber o seu valor
[...]

2. Agora você vai escrever o próprio cordel. Para isso:

- escolha um tema ou um assunto;
- prepare um pequeno roteiro com os tópicos a serem abordados;
- escolha o tipo de estrofe (de quatro versos, seis, oito ou dez);
- escolha o título e a ilustração.

Seja criativo e mãos à obra!

3. Observe as imagens, identifique-as e elabore uma frase com elas.

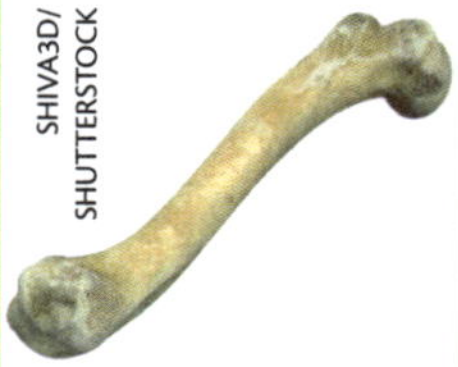

SHIVA3D/ SHUTTERSTOCK

Palavra	Frase
______	

ANDRII A/SHUTTERSTOCK

Palavra	Frase
______	

DIÁRIO DE BORDO

Nestas atividades, você aprendeu:

- o gênero textual cordel e sua estrutura;
- os sons do **s** e suas formas de escrita;
- a formação do plural das palavras.

SEQUÊNCIA 7

VAMOS CONVERSAR!

O cardápio é um gênero textual cuja função é informar e orientar o consumidor na escolha de produtos oferecidos em um estabelecimento.

Leia o cardápio a seguir.

1. Em quantas partes o cardápio da Lanchonete Bem-Estar está dividido? Quais são elas?

____

____

2. Por que, em geral, os cardápios têm essa divisão?

____

____

3. No cardápio da Lanchonete Bem-Estar, qual é o item mais barato e qual é o mais caro?

____

____

VAMOS ENTENDER!

1. Leia as palavras a seguir e, depois, separe-as corretamente no quadro.

bolinho	bacalhau	queijo
presunto	palmito	cacau

Palavras terminadas com a vogal O	Palavras terminadas com a vogal U

2. O computador de José está com problema nas teclas **o** e **u**. Por isso, algumas palavras estão sendo digitadas sem essas letras. Complete as palavras a seguir com a terminação correta.

a) empreg_____

b) surgi_____

c) estrag_____

d) mercúri_____

e) amanhece_____

f) sai_____

g) sai_____

h) peg_____

i) ouvi_____

j) consegui_____

k) abri_____

l) parti_____

m) perdid_____

n) abr_____

3. Leia as palavras a seguir e observe a pronúncia da letra **l**.

festival	quartel	vendaval
funil	igual	policial

a) Circule a última sílaba de cada palavra.

b) A consoante **l**, quando escrita após uma vogal, é pronunciada com o som de:

☐ o ☐ u ☐ l

c) Escreva outras palavras terminadas com a letra **l**.

____

____

____

____

4. Complete as palavras com as letras **l** ou **u**.

a) minga________

b) berimba________

c) jorna________

d) funi________

e) so________

f) azu________

g) caca________

h) chapé________

i) degra________

j) trofé________

k) festiva________

l) cani________

m) lega________

n) anima________

o) europe________

p) febri________

q) mundaré________

r) fogaré________

5. Resolva as adivinhas a seguir.

a) Onde costumamos pendurar as roupas para secar?

____

b) Qual é o alimento produzido pelas abelhas?

____

c) Qual é o esporte mais popular no Brasil?

____

d) Qual é a cor do céu?

____

e) Qual é o utensílio que ajuda a encher uma garrafa sem derramar o líquido?

____

6. Passe para o plural as palavras da atividade anterior.
Dica: palavras terminadas em **u** fazem o plural **us**; palavras terminadas em **l** fazem o plural **is**.

a) minga_____

b) berimba_____

c) jorna_____

d) funi_____

e) só_____

f) azu_____

g) caca_____

h) chapé_____

i) degra_____

j) trofé_____

k) festiva_____

l) cani_____

7. Forme frases com os pares de palavras da atividade **4**.
Veja o exemplo.

a) mingau/cacau

O mingau estava gostoso porque minha mãe adicionou cacau.

b) berimbau/festival ______________________________

____

c) chapéu/azul ______________________________

____

d) jornal/sol ______________________________

____

e) troféu/degrau ______________________________

____

VAMOS ESCREVER!

1. Imagine que sua família tenha um restaurante e você seja o responsável por montar o cardápio do dia. Releia o cardápio da Lanchonete Bem-Estar e crie outro com as seguintes divisões:

- pratos frios;
- pratos quentes;
- bebidas;
- sobremesas.

Mas atenção!

- O cardápio deve ser composto apenas de alimentos saudáveis.
- Cada alimento deve apresentar um preço.

VIT STUDIO/SHUTTERSTOCK

DIÁRIO DE BORDO

Nestas atividades, você aprendeu:

- o gênero textual cardápio e sua estrutura;
- a pronúncia e a escrita de palavras com as letras **o, u** e **l**;
- o plural de palavras terminadas em **u** e **l**.

SEQUÊNCIA 8

VAMOS CONVERSAR!

Leia a carta enigmática a seguir.

CARTA ENIGMÁTICA

1. Qual é a mensagem da carta enigmática?

____

____

2. O que significa **enigmático**? Se necessário, consulte o dicionário.

____

____

3. Qual palavra você achou mais fácil decifrar? E a mais difícil?

____

____

VAMOS ENTENDER!

1. Na lista de compras de Mariana, faltam as últimas vogais das palavras. Complete-as com **e** ou **i** e ajude Mariana a se lembrar da escrita correta delas.

tomat_____	abacax_____
espinafr_____	*kiw*_____
abacat_____	caqu_____
alfac_____	sapot_____

a) Em relação à terminação das palavras acima, o que as palavras da primeira coluna têm em comum?

____

b) E o que há em comum em relação às palavras da segunda coluna?

____

c) A pronúncia da letra final das palavras da primeira coluna é muito diferente daquela das palavras da segunda coluna? Justifique sua resposta.

____

____

____

____

2. Alguns verbos, ao serem flexionados, assumem uma nova terminação. Complete os verbos a seguir com a terminação **ei**. Observe o modelo.

a) acordar acordei

b) falar ________________

c) caminhar ______________

d) dançar ________________

e) cantar ________________

f) pintar ________________

3. Complete os quadrinhos de cada palavra a seguir com as letras que estão faltando. **Dica:** todas as palavras são itens de higiene pessoal ou de limpeza doméstica.

s	a	b	o	n	e	t	

h		d	r	a	t	a	n	t	

d		s	o	d	o	r	a	n	t	

d		t		r	g	e	n	t	

d		s		n	f	e	t	a	n	t	

4. Em algumas palavras, o **e** e o **i** podem aparecer juntos, como em qu**ei**jo. Preencha as lacunas a seguir com **e** ou **ei**.

a) band______ja

b) dinh______ro

c) int______ro

d) temp______ro

e) chapel______ro

f) az______do

g) tr______nador

h) fogar______ro

5. Agora, complete as palavras com **e**, **i** ou **ei**.

a) f______jão

b) continu______

c) abenço______

d) tang______rina

e) fogu______ira

f) heró______

g) táx______

h) bal______a

i) saudad______

j) esp______lho

VAMOS ESCREVER!

1. Desvende os enigmas a seguir e descubra o nome de cada animal.

a)

ALEXIALEX/ SHUTTERSTOCK

– dio

10TOPVECTOR/ SHUTTERSTOCK

– mate

Qual é o animal?

____

b)

H.ELVIN/ SHUTTERSTOCK

– la

ZE.ELIAS65/ SHUTTERSTOCK

– ma

OIXXO/ SHUTTERSTOCK

– ga

Qual é o animal?

____

c)

GURZA/ SHUTTERSTOCK

– u

MARY LONG/ SHUTTERSTOCK

– ma

Qual é o animal?

____

2. Crie uma carta enigmática e escolha um amigo para lê-la e decifrá-la.

DIÁRIO DE BORDO

Nestas atividades, você aprendeu:

- o gênero textual carta enigmática e seus modos de leitura;
- a pronúncia e a escrita de palavras com **e**, **i** e **ei**.

SEQUÊNCIA 9

VAMOS CONVERSAR!

Leia a notícia a seguir.

Filhote de girafa nasce em parque de SC com 1,80 metro e 70 quilos

FOTO: LUIZ SOUZA/NSC TV

Girafa nasceu no início de abril em Penha, no Litoral de SC.

Um parque de diversões de Penha, no Litoral Norte de Santa Catarina, anunciou na segunda-feira (19) o nascimento de um filhote de girafa dentro do zoológico. Chamada de Anaya, a bebê nasceu em 2 de abril com 1,80 metro e cerca de 70 quilos.

Segundo a bióloga responsável pelo local, [...] a filhote é filha de Catarina e Aduke, ambos moradores no parque. Após o nascimento dela, os dois foram colocados juntos para ajudar no desenvolvimento do animal.

"Tem outras espécies, como por exemplo os felinos, que quando as mães têm os bebês a gente tem que separar o macho, porque senão é capaz de ele agredir e até causar o óbito desses filhotes. [...]"

O parto ocorreu na madrugada de 2 de abril. No dia seguinte, quando os funcionários chegaram para trabalhar constataram a chegada da nova moradora do zoo. [...]

As girafas são os mamíferos mais altos do mundo e os que têm os maiores corações também. Isso ocorre por conta da necessidade do sangue subir até o cérebro. Apesar de todo o tamanho, a coluna vertebral é bem parecida com a dos humanos, com apenas sete vértebras.

FILHOTE de girafa nasce em parque de SC com 1,80 metro e 70 quilos. *G1*, 21 abr. 2021. Disponível em: https://g1.globo.com/sc/santa-catarina/noticia/2021/04/21/filhote-de-girafa-nasce-em-parque-de-sc-com-180-metro-e-70-quilos.ghtml. Acesso em: 9 fev. 2022.

1. Qual é o título da notícia que você acabou de ler?

____

____

____

2. Qual é o nome da bebê girafa e dos pais dela?

____

____

3. Por que as girafas têm os maiores corações?

____

____

VAMOS ENTENDER!

1. No diagrama, há 11 palavras escritas com **g** e **j**. Encontre todas elas. Se precisar, utilize o banco de palavras.

jogo	gente	canjica	gelatina	jiboia
gincana	gelo	relógio	jipe	pajé

A	E	R	G	E	L	A	T	I	N	A	J	I	O	G
J	G	V	E	C	A	N	J	I	C	A	H	T	R	E
O	U	K	N	J	G	J	I	B	O	I	A	D	B	L
G	I	G	T	U	R	I	H	G	F	D	S	A	U	O
O	U	T	E	T	I	P	G	I	N	C	A	N	A	P
P	A	J	É	A	O	E	G	T	C	A	A	G	H	T
I	R	E	L	Ó	G	I	O	U	I	O	J	T	G	R

2. Clara estava brincando de STOP com os amigos, e nesta rodada só poderia escrever palavras iniciadas com a letra **g**. Ajude-a a completar sua cartela.

Nome de pessoas	Nome de alimentos
Geraldo	gengibre

3. Pinte o quadrinho cuja palavra está escrita corretamente.

a) ☐ majestade ☐ magestade

b) ☐ ingeção ☐ injeção

c) ☐ tigela ☐ tijela

d) ☐ giboia ☐ jiboia

e) ☐ jeito ☐ geito

f) ☐ argila ☐ arjila

HAMMADKHN/ SHUTTERSTOCK

HAMMADKHN/ SHUTTERSTOCK

4. Leia as frases a seguir e circule as palavras com **j** e **g**.

a) Ela ganhou um beijo de sua mãe.

b) Festejar é a melhor forma de viver!

c) Meu desejo é viajar e conhecer o mundo.

d) Nessa viagem, quero conhecer os festejos da região.

e) Como eu gosto de comida regional!

5. Elabore frases com o que se pede.

a) Uma fruta com a letra **g**.

___

b) Uma fruta com a letra **j**.

___

c) Uma cidade com a letra **g**.

___

d) Uma cidade com a letra **j**.

___

VAMOS ESCREVER!

- Escolha um dos animais a seguir e escreva uma notícia sobre ele. Não se esqueça de criar um título e, ao final, compartilhar seu texto com os colegas.

NWDPH/SHUTTERSTOCK

CRYSTAL ALBA/SHUTTERSTOCK

YOGESH BHATIA PHOTOARTIST/ SHUTTERSTOCK

DIÁRIO DE BORDO

Nestas atividades, você aprendeu:

- o gênero notícia e suas características;
- a escrita de palavras com **g** e **j**.

SEQUÊNCIA 10

VAMOS CONVERSAR!

Leia a tirinha a seguir.

GALHARDO. *Batente.*

1. Nessa tirinha, encontramos:

☐ só texto. ☐ só imagem. ☐ texto e imagem.

2. As falas dos personagens são apresentadas por meio de qual recurso?

____

____

3. O que significa **mequetrefe**? Se precisar, consulte o dicionário.

____

____

VAMOS ENTENDER!

1. Leia as palavras a seguir, retiradas da tirinha, e faça o que se pede.

informações	centenas	contar
músicas	aqui	mequetrefes

a) Quais palavras são escritas com a letra **c**?

____

b) Nessas palavras, a letra **c**:

☐ tem som igual. ☐ tem som diferente.

c) Em que palavra(s) o **c** tem som de **k**?

☐ Centenas. ☐ Contar. ☐ Música.

d) Em que palavra(s) o **c** tem som de **s**?

☐ Centenas. ☐ Contar. ☐ Música.

2. Circule as sílabas das palavras a seguir em que o **c** tem som de **k**.

Cecília	café	coma	carro
cume	cilada	abacaxi	cabeça
corrida	cama	curva	cérebro
círio	abacate	comida	celular

a) A letra **c** tem som de **k** antes de quais vogais?

☐ a ☐ e ☐ i ☐ o ☐ u

b) A letra **c** tem som de **s** antes de quais vogais?

☐ a ☐ e ☐ i ☐ o ☐ u

3. Pinte de azul as palavras em que o **c** tem som de **s** e de amarelo aquelas em que o **c** tem som de **k**.

cachorro	cena	casa
caramujo	cenoura	abacaxi
casal	macio	morcego
caju	caminhão	acima
nocivo	celeiro	cela
cinto	cama	coruja
cidade	cem	cegonha

4. Circule as sílabas das palavras que têm a letra **ç**.

braço	moça	açude
pescoço	coração	açúcar

a) Usa-se o **ç** antes de quais vogais?

☐ a ☐ e ☐ i ☐ o ☐ u

b) O **ç** tem som de:

☐ s ☐ k

c) Que outras palavras escritas com **ç** você conhece?

____

____

Dica de ouro: Não se iniciam palavras com **ç**.

5. Leia as palavras a seguir em voz alta.

quieto	quindim	quina	quebrado
máquina	querida	quitanda	raquete

- Quando acompanhada das vogais **i** e **e**, a letra **u** do **qu** é pronunciada?

☐ Sim. ☐ Não.

6. Escreva o nome das figuras a seguir.

NYNKE VAN HOLTEN/
SHUTTERSTOCK

____

NECHAEVKON/
SHUTTERSTOCK

____

OLGA BOLBOT/
SHUTTERSTOCK

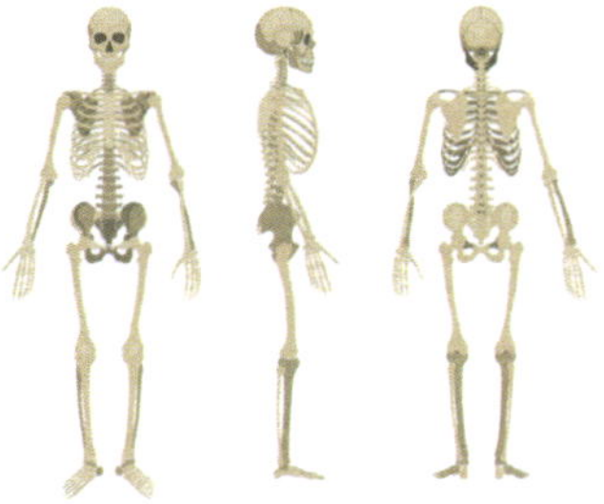

____

7. Leia as palavras a seguir em voz alta.

quadrado		quando
	quarto	
quase		aquário

a) Nessas palavras, o **qu** tem o mesmo som que na palavra **quieto**?

☐ Sim. ☐ Não.

b) O **u** do **qu** é pronunciado na palavra **quando**?

☐ Sim. ☐ Não.

8. Faça a divisão silábica das palavras a seguir e, depois, indique se são dissílabas, trissílabas ou polissílabas.

a) quando ______________ ______________

b) quarto ______________ ______________

c) quase ______________ ______________

d) celeiro ______________ ______________

e) coração ______________ ______________

f) superação ______________ ______________

g) máquina ______________ ______________

h) periquito ______________ ______________

i) ração ______________ ______________

VAMOS ESCREVER!

1. Na tirinha da seção **Vamos conversar!**, vimos que o personagem utiliza equipamentos para armazenar informações, assim como nossa memória guarda fatos, acontecimentos etc. Ou seja, a palavra **memória** pode se referir à nossa mente e à "mente" do computador.

Em nossa língua, as palavras podem ter vários significados, dependendo da situação comunicativa.

- Escreva frases com significados diferentes para as palavras a seguir. Lembre-se: cada uma delas precisa ter mais de um sentido! Observe o modelo.

MARK BYER/SHUTTERSTOCK

Casa

Ela mora em uma casa pequena.

A mente é a casa dos pensamentos.

ALJOSHA KONSTANTY/ SHUTTERSTOCK.

Flor

MICHAEL DECHEV/SHUTTERSTOCK.

Chave

DIÁRIO DE BORDO

Nestas atividades, você aprendeu:

- o formato e as características das tirinhas;
- a escrita e a pronúncia de palavras com as letras **c**, **ç** e **qu**;
- a polissemia (vários sentidos) das palavras.

SEQUÊNCIA 11

VAMOS CONVERSAR!

Leia uma carta de leitor a seguir.

Lagartos

Olá, pessoal da CHC! Ficamos muito impressionados com o texto: "Por que o lagarto balança tanto a cabeça?", publicado na CHC 244, que fala sobre o lagarto-cinzento. Ele usa a cabeça para se comunicar com outros da mesma espécie. Eles se comportam assim para informar se são machos ou fêmeas. Eles vivem num ambiente natural como rochas, embaixo d'água, da terra e sobre árvores. Gostamos muito do texto e ficaríamos bem felizes se nossa cartinha fosse publicada. Um grande abraço.

Alunos do 3º ano da Escola Municipal Professor João Oliveira Lima. Pontal, Quixeré-CE.

FALA aqui. Lagartos. *Ciência Hoje das Crianças*. Disponível em: http://chc.org.br/artigo/fala-aqui/. Acesso em: 10 fev. 2022.

1. Quem escreveu a carta que você acabou de ler (remetente)?

____

____

____

2. Quem recebeu a carta (destinatário)?

____

3. Qual é o objetivo da carta de leitor?

____

____

4. Na carta, os alunos da Escola Municipal Professor João Oliveira Lima fizeram um elogio ou uma crítica à matéria publicada pela revista *CHC*? Responda oralmente, justificando sua resposta.

VAMOS ENTENDER!

1. Leia as palavras a seguir em voz alta.

sangue   água

a) Na palavra **sangue**, a letra **u** é pronunciada?

☐ Sim.   ☐ Não.

b) Na palavra **água**, a letra **u** é pronunciada?

☐ Sim.   ☐ Não.

2. Circule as palavras em que a vogal **u** é pronunciada.

foguete	guarda	guepardo
guache	Miguel	guincho
mangueira	guarnição	água
guardanapo	guitarra	guaraná

3. Complete as palavras com **gue** ou **gui**.

a) caran_____jo

b) _____tarra

c) pre_____ça

d) man_____ira

e) _____rreiro

f) açou_____

g) se_____da

h) alu_____l

i) pesse_____iro

j) fo_____te

k) á_____a

l) la_____nho

m) pa_____

n) fo_____ira

o) _____zo

p) formi_____iro

4. Forme palavras com **ga**, **ge**, **gi**, **go**, **gu**, **gua**, **gue** ou **gui**, completando a cartela do bingo das letras.

_____to	_____pardo	_____rila
a_____lha	_____lo	á_____
tan_____rina	_____lherme	_____rafa
_____raná	_____mada	_____lha
_____loseima	_____ncana	_____leia
_____iabada	_____rlanda	_____stronomia
_____ladeira	_____stavo	man_____ira

5. Leia em voz alta as palavras a seguir.

ho**j**e — ima**g**inação

- As letras **j** e **g** têm o mesmo som nas duas palavras?

☐ Sim. ☐ Não.

6. Circule a opção em que, no par de palavras, as letras **j** e **g** não têm o mesmo som.

a) injeção – tigela

b) girafa – jerimum

c) gato – jaqueta

d) Jericoacoara – gelado

7. Complete as palavras a seguir com **g** ou **j**.

a) ______iló

b) a______enda

c) ______eada

d) ma______estade

e) ______equitibá

f) acara______é

g) ______eladeira

h) ______eringonça

i) ______oaninha

j) a______itado

k) me______era

l) ______abuticaba

m) ______aneiro

n) ______umento

o) reló______io

p) pa______em

q) massa______em

r) ______enipapo

s) can______ica

t) mira______em

8. Use as palavras do quadro para completar as frases a seguir.

jiboia	genial	regime	jaca
jardim	girassol	joia	jegue

a) O veterinário examinou o ____________________.

b) Sua ideia foi ____________________.

c) A ____________________ assustou os moradores da fazenda.

d) A ____________________ estava deliciosa!

e) Plantamos dezenas de sementes de ____________________.

f) Preciso fazer ____________________.

g) Precisei vender uma ____________________ de família.

VAMOS ESCREVER!

Leia o texto a seguir.

MARCELORPC/SHUTTERSTOCK

MILAN ZYGMUNT/SHUTTERSTOCK

Muitas pessoas confundem jacaré e crocodilo, mas eles são animais que pertencem a famílias diferentes. As diferenças entre as duas espécies, além da família, são principalmente anatômicas, ou seja, físicas. Entre elas, podemos citar os dentes e o formato da cabeça. Nos jacarés, o quarto dente de cada lado do maxilar inferior é maior que os outros, e eles ficam escondidos. Nos crocodilos, esses dentes ficam expostos. Quanto à cabeça, os jacarés têm focinho arredondado e largo, enquanto os crocodilos a têm mais afilada. Ambas as espécies vivem em pântanos, mas no Brasil há apenas jacarés.

Qual a diferença entre crocodilo e jacaré? *Superinteressante*, 31 out. 2016. Disponível em: https://super.abril.com.br/ciencia/qual-a-diferenca-entre-crocodilo-e-jacare/. Acesso em: 10 fev. 2022. (Adaptado)

- Agora que você conhece a diferença entre jacaré e crocodilo, escreva uma pequena carta comentando sua opinião sobre o texto que você leu. Não se esqueça de incluir em sua carta:
  - local e data;
  - saudação;
  - apresentação pessoal;
  - referência ao texto;
  - opinião pessoal;
  - despedida e assinatura.

DIÁRIO DE BORDO

Nestas atividades, você aprendeu:

- o gênero textual carta de leitor;
- a escrita de palavras com **g**, **j** e **gu**.

SEQUÊNCIA 12

VAMOS CONVERSAR!

Leia o poema a seguir.

Brincadeira de criança

Tem cabra-cega, jogo de taco.
Tem peteca e boneca.

Brincadeira de criança
Tem pega-pega, jogo de bola
Tem pandorga e argola.

Brincadeira de criança
Tem cantiga de roda, jogo da velha
Tem estátua e pula corda.

Brincadeira de criança
Tem casinha, jogo de xadrez
Tem dominó e amarelinha.

Brincadeira de criança
Tem meninos galopando nuvens
Embalados em carrinhos de rolimã
E meninas astronautas pilotando naves.

RITA, Maria. Brincadeira de criança. In: MORCELLI, Amélia e outros. *Poemas para brincar*. Santa Maria: UFSM, 2015. Disponível em: https://www.ufsm.br/app/uploads/sites/414/2019/01/Poemas-Para-Brincar.pdf. Acesso em: 10 fev. 2022.

1. Qual das brincadeiras a seguir **não** aparece no poema?

- [ ] Bola de gude.
- [ ] Amarelinha.
- [ ] Jogo da velha.
- [ ] Dominó.

2. Transcreva do poema um verso em que há a presença de **linguagem figurada**, ou seja, aquela cujo sentido não é literal.

____

3. Em qual das frases a seguir a palavra **subiu** tem sentido figurado?

- [ ] A aeronave subiu aos céus.
- [ ] Meu pensamento subiu nas nuvens.
- [ ] Ele subiu as escadas.

VAMOS ENTENDER!

1. Escreva nos quadrinhos os encontros vocálicos (duas ou mais vogais na mesma sílaba) das palavras a seguir e, depois, faça a separação silábica de cada uma delas.

a) cadeira [ ] _______________

b) água [ ] _______________

c) céu [ ] _______________

d) tubarão [ ] _______________

e) ouro [ ] _______________

f) feira [ ] _______________

- Na divisão silábica das palavras da atividade anterior, os encontros vocálicos foram separados?

☐ Sim. ☐ Não.

Quando as letras de um encontro vocálico permanecem juntas em uma sílaba, temos um **ditongo**.

2. Separe as sílabas das palavras a seguir. **Atenção:** todas elas possuem encontros vocálicos, mas não são ditongos.

a) rainha: ______________________________

b) moeda: ______________________________

c) rua: ______________________________

d) aeroporto: ______________________________

e) saúde: ______________________________

f) alegria: ______________________________

g) navio: ______________________________

h) canoa: ______________________________

As palavras da atividade **2** apresentam um **hiato**, ou seja, um encontro de sons vocálicos em sílabas separadas.

3. Escreva nos quadrinhos os encontros vocálicos das palavras a seguir e, depois, faça a separação silábica.

a) saguão ☐ ______________________________

b) enxaguei ☐ ______________________________

c) Uruguai ☐ ______________________________

d) Paraguai ☐ ______________________________

Quando em uma mesma sílaba houver três sons vocálicos, teremos um **tritongo**.

4. Classifique os encontros vocálicos das palavras a seguir em **D** para ditongo, **H** para hiato e **T** para tritongo.

☐ tia	☐ pai
☐ viagem	☐ biscoito
☐ gaivota	☐ rua
☐ criança	☐ tesouro
☐ água	☐ coelho
☐ Paraguai	☐ saguão
☐ Lua	☐ beijo
☐ iguais	☐ moeda
☐ sabão	☐ caixa

VAMOS ESCREVER!

Na seção **Vamos conversar!** você viu que a linguagem figurada está presente no poema *Brincadeira de criança*. Ela cria outras situações comunicativas em que as palavras adquirem novos significados. Observe.

> Procuro um **caminho** para minha vida!
> Qual é o melhor **caminho** para chegar à cidade de Uberaba?

1. Crie duas frases com sentido figurado para as palavras a seguir. Use a imaginação e seus conhecimentos.

a) luz ______________________________

____

b) ponte ______________________________

____

c) sol ______________________________

____

d) estrela ______________________________

____

2. O poema é uma forma de comunicação. Descubra seu lado poeta e escreva um poema curto, com, no máximo, três estrofes. Se possível, utilize rimas.

DIÁRIO DE BORDO

Nestas atividades, você aprendeu:

- o gênero poema;
- a linguagem figurada;
- a escrita de palavras com encontros vocálicos;
- a classificação dos encontros vocálicos em ditongo, hiato e tritongo.

SEQUÊNCIA 13

VAMOS CONVERSAR!

Leia a charge a seguir.

CAZO, Luiz Fernando. *Aulas em casa para as crianças.*

1. Qual é o tema dessa charge?

- [ ] Brincadeiras no intervalo das aulas.
- [ ] Acompanhamento das tarefas escolares pelos pais.
- [ ] Arrumação da casa como tarefa de casa.

2. Como é possível identificar a fala da menina?

____

____

3. Como é possível identificar o que se passa com o pai da menina?

____

____

4. Responda oralmente: qual é o cenário da charge, ou seja, onde se passa a história?

VAMOS ENTENDER! !!!

Vamos relembrar o que é encontro consonantal?

Há **encontro consonantal** quando duas consoantes aparecem juntas na mesma sílaba de uma palavra ou em sílabas diferentes. Exemplos: **dr**ogaria (**dr**o-ga-ri-a); po**st**o (po**s**-**t**o).

1. Sublinhe os encontros consonantais das palavras a seguir e, depois, faça a divisão silábica de todas elas.

a) atlas ____________

b) biblioteca ____________

c) brisa ____________

d) dragão ____________

e) plano ____________

f) Acre ____________

g) aflição ____________

h) prego ____________

2. Leias as palavras a seguir em voz alta e pinte de amarelo as consoantes que aparecem juntas. Depois, faça a divisão silábica.

a) grama: ____________________

b) pastel: ____________________

c) cravo: ____________________

d) preguiça: ____________________

e) clara: ____________________

f) garfo: ____________________

g) perfume: ____________________

h) padre: ____________________

i) formiga: ____________________

j) bicicleta: ____________________

k) caverna: ____________________

l) clorofila: ____________________

Entre os encontros consonantais, há o **dígrafo consonantal**, que é a sequência de duas consoantes que representam apenas um som. Exemplos: gati**nh**o; **ch**impanzé.

3. Circule os dígrafos consonantais das palavras a seguir.

chão	barulho	linha	unha
cheiro	mergulho	chave	espelho
piranha	chave	malha	ninho

Existem **dígrafos** formados pela repetição da mesma consoante: **rr** e **ss**. Eles têm o mesmo som, porém, na separação silábica, ficam em sílabas diferentes. Exemplos: a**ss**ado (a**s**-**s**a-do); ba**rr**aca (ba**r**-**r**a-ca).

4. Vamos brincar de jogo da velha? Encontre os três dígrafos da horizontal, da vertical e da diagonal e pinte-os com sua cor favorita.

prato	garfo	clara
galho	carro	pássaro
calha	pedra	terra

broto	linha	brinco
carroça	ninho	brinquedo
velha	galinha	flauta

foguete	livro	cachorro
bicicleta	milho	chuva
arroz	chave	vidro

5. Decifre as adivinhas a seguir com palavras que apresentam os dígrafos **ch**, **nh** e **lh**.

a) Cai em pé e corre deitada: ______________________.

b) Alimento feito de cacau: ______________________.

c) Inseto produtor de mel: ______________________.

d) Fêmea do galo: ______________________.

6. Preencha o quadro de acordo com o que se pede. Observe o modelo.

Palavra	Dígrafo	Separação silábica
molho	lh	mo-lho
manhã	______	______
palha	______	______
sonho	______	______
carroça	______	______
chuveiro	______	______
chafariz	______	______
farinha	______	______
massa	______	______
chumaço	______	______
repolho	______	______

VAMOS ESCREVER!

- Releia a charge da seção **Vamos conversar!** Em seguida, transforme-a em tirinha. Para isso, faça os desenhos e crie um diálogo para os próximos dois quadrinhos, dando um final para a história.

DIÁRIO DE BORDO

Nestas atividades, você aprendeu:

- o gênero textual charge e suas características;
- a escrita e a divisão silábica de palavras com encontros consonantais;
- a escrita e a divisão silábica de palavras com dígrafos consonantais.

SEQUÊNCIA 14

VAMOS CONVERSAR!

Leia o cartaz a seguir.

EDITORIA DE ARTE

Cartaz elaborado para fins didáticos.

1. Qual é o objetivo do cartaz?

____

2. Quais palavras a seguir representam as ações da campanha?

- ☐ Comprar e reciclar.
- ☐ Doar e compartilhar.
- ☐ Comprar e vender.
- ☐ Compartilhar e trocar.

3. Doar significa ceder algo de forma gratuita. Qual palavra a seguir não corresponde a essa ideia?

- ☐ Dar.
- ☐ Ofertar.
- ☐ Vender.
- ☐ Oferecer.

VAMOS ENTENDER!

1. Separe as sílabas das palavras a seguir e indique a quantidade.

Palavra	Separação silábica	Quantidade de sílabas
livros	______________	______________
biblioteca	______________	______________
escola	______________	______________
compartilhe	______________	______________
história	______________	______________
objetivo	______________	______________
ritmo	______________	______________
admirar	______________	______________
eclipse	______________	______________

2. Classifique as palavras a seguir de acordo com o número de sílabas, preenchendo corretamente o quadro.

cachorro	esquilo	dois	duas
elefante	rinoceronte	leão	ema
rã	guerra	boi	sossegado
girafa	céu	cômodo	camareiro

Monossílabas	**Dissílabas**	**Trissílabas**	**Polissílabas**
______	______	______	______
______	______	______	______
______	______	______	______
______	______	______	______

3. Assinale a alternativa que apresenta a escrita correta das palavras. Observe o modelo.

- [x] atmosfera
- [ ] atimosfera
- [ ] adivogado
- [ ] advogado
- [ ] aritimética
- [ ] aritmética
- [ ] advertir
- [ ] adivertir
- [ ] adivinhar
- [ ] advinhar
- [ ] subjetivo
- [ ] subijetivo

4. Complete as frases a seguir com as palavras do quadro.

flauta	globo	Vladimir
clube	Plutão	claridade

a) A ________________ incomoda meus olhos.

b) ________________ é um corpo celeste do nosso Sistema Solar do planeta Terra.

c) O rapaz sabe tocar ________________.

d) O professor nos mostrou um ________________ terrestre.

e) O ________________ de leitura fez sucesso na escola.

f) ________________ chegou atrasado no trabalho.

5. Separe as sílabas das palavras do quadro da atividade anterior.

a) flauta: ________________________________

b) globo: ________________________________

c) Vladimir: ________________________________

d) clube: ________________________________

e) Plutão: ________________________________

f) claridade: ________________________________

6. Vamos brincar de adivinha? Siga as pistas.

- É uma palavra trissílaba.
- É o nome de um brinquedo.
- A palavra possui dois dígrafos.
- Muitas crianças gostam desse brinquedo.

OMRAVESTUDIO/SHUTTERSTOCK

___ ___ r ___ ___ ___ ___ ___

- É uma palavra dissílaba.
- É o nome de um animal.
- A palavra possui três vogais.

___ o ___ ___ ___

7. Escreva duas palavras com os dígrafos a seguir. Eles podem estar no início ou no meio da palavra.

a) ch ______________________ ______________________

b) lh ______________________ ______________________

c) sc ______________________ ______________________

d) rr ______________________ ______________________

e) nh ______________________ ______________________

f) ss ______________________ ______________________

8. Forme outras palavras acrescentando as letras **r** ou **l**.

a) mago ______________________

b) peso ______________________

c) cavo ______________________

d) dama ______________________

e) tocar ______________________

f) cara ______________________

VAMOS ESCREVER!

- Sua escola vai divulgar uma campanha de arrecadação de agasalhos para serem doados à população carente da comunidade, e você ficou responsável por criar o cartaz. Planeje o cartaz definindo a ilustração (é importante desenhar algo que chame a atenção do público) e o texto explicativo que vai acompanhá-la.

AQUEÇA UM AMIGO!

DIÁRIO DE BORDO

Nestas atividades, você aprendeu:

- o gênero cartaz e sua formatação;
- a separação de sílabas complexas;
- a identificação do número de sílabas em uma palavra;
- a classificação das palavras em monossílabas, dissílabas, trissílabas e polissílabas.

SEQUÊNCIA 15

VAMOS CONVERSAR!

Leia o diálogo a seguir.

– Alô? Oi, é o Bruno! Eu poderia falar com o Gustavo?

– Oi, Bruno! Sou eu! Tudo bem? O que você manda?

– Então... Você quer vir hoje à minha casa? Vamos fazer uma tarde de jogos na quadra!

– Que legal! Eu quero, sim! Vou pedir à minha mãe que me leve aí! Até mais tarde!

– Até, Gustavo!

1. Você acabou de ler um diálogo entre dois amigos. Como se chamam os meninos que estão conversando?

____

2. A que se refere o diálogo?

____

____

____

3. No diálogo, aparecem alguns sinais de pontuação. Observe a legenda e circule esses sinais no texto, com a cor solicitada.

- (verde) travessão
- (azul) dois-pontos
- (laranja) ponto-final
- (amarelo) ponto de exclamação
- (vermelho) ponto de interrogação

VAMOS ENTENDER!

1. Com a ajuda do professor, leia as informações a seguir e assinale a pontuação correta.

a) Indica o término de uma frase.

- ☐ dois-pontos
- ☐ ponto-final
- ☐ ponto de exclamação

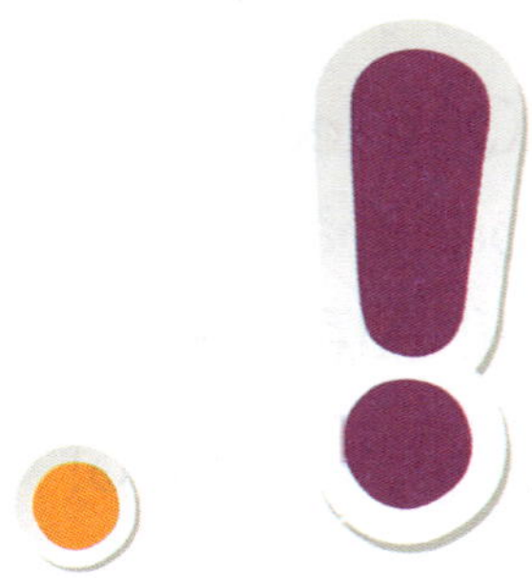

b) Indica uma pergunta.

- ☐ ponto de exclamação
- ☐ ponto de interrogação
- ☐ travessão

LANO4KA/SHUTTERSTOCK

c) Indica surpresa, susto ou admiração.

- ☐ ponto de exclamação
- ☐ ponto de interrogação
- ☐ ponto-final

LANO4KA/SHUTTERSTOCK

d) Marca o discurso direto no diálogo.

- ☐ travessão
- ☐ ponto-final
- ☐ dois-pontos

e) Indica que alguém vai falar.

- ☐ travessão
- ☐ ponto-final
- ☐ ponto de interrogação

2. Quais são as características de um diálogo? Marque um **X** nas opções corretas.

- ☐ Troca de informações entre duas ou mais pessoas.
- ☐ Os diálogos são sempre muito longos.
- ☐ Nunca ocorre a troca de ideias.
- ☐ Acontece a troca de ideias e pode-se chegar a um entendimento.

3. É comum o uso de sinais de pontuação nos diálogos. Complete, a seguir, o trecho do diálogo entre Bruno e Gustavo, acrescentando os sinais utilizados.

☐ Oi, Bruno ☐ Sou eu ☐ Tudo bem ☐ O que você manda ☐

- Escreva o nome dos sinais gráficos que você utilizou no trecho do diálogo anterior.

____

____

4. Leia outra parte do diálogo entre Bruno e Gustavo.

– Oi, Bruno * Sua casa é muito legal *

– Que bom que você gostou * Vamos brincar agora *

– Vamos *

- Reescreva o diálogo, substituindo os asteriscos (*) pelos sinais de pontuação que estão faltando.

____

____

____

____

5. Relacione os sinais de pontuação em destaque nas frases a seu nome correspondente.

a) ponto-final

b) ponto de interrogação

c) ponto de exclamação

d) dois-pontos

e) travessão

☐ **–** Não fui à festa porque...

☐ Que bela paisagem**!**

☐ Felipe respondeu**:**

☐ Ela já voltou para casa**?**

☐ Os alunos estão em sala de aula**.**

6. Pontue corretamente as frases com **?** ou **!**

a) Você quer ajuda ☐

b) Que sopa deliciosa ☐

c) O que significa empatia ☐

d) Que saudade eu sinto da minha avó ☐

e) Qual é seu endereço ☐

7. Pontue o texto a seguir utilizando ponto-final, ponto de interrogação, ponto de exclamação, travessão e dois-pontos.

Uma mulher aproveitou o descuido de uma mãe, aproximou-se de uma criança no supermercado e falou ☐

☐ Oi ☐ Aceita um chocolate ☐ Venha comigo e comprarei um para você ☐

A criança, afastando-se, respondeu ☐

☐ Não quero ☐ Minha mãe não quer que eu fale nem aceite nada de desconhecidos ☐

8. Crie uma frase empregando:

a) ponto de interrogação.

____

b) ponto de exclamação.

____

c) ponto-final.

____

VAMOS ESCREVER!

- Imagine um novo diálogo para os amigos Bruno e Gustavo e crie frases para os personagens, utilizando a pontuação correta.

Bruno ____

____

Gustavo ____

____

Bruno ____

____

Gustavo ____

____

DIÁRIO DE BORDO

Nestas atividades, você aprendeu:

- o gênero diálogo e sua organização discursiva;
- os sinais de pontuação ponto-final, travessão, dois-pontos, ponto de exclamação e ponto de interrogação.

SEQUÊNCIA 16

VAMOS CONVERSAR!

Leia o diálogo de uma peça teatral.

Busca ao tesouro

1ª CENA

Dona Benta: Bom dia! (ou Boa tarde). Gosto muito de contar histórias para as crianças. Hoje estou aqui para contar mais uma história muito interessante a vocês. É a história de um tesouro escondido. Um tesouro muito valioso. Todos que tinham alguns problemas e tocassem naquele tesouro, os problemas desapareciam. A nossa história começa quando Pedrinho sonha numa noite de luar.

Pedrinho: (Deitado em sua caminha, luar ao fundo, a boneca Emília entra)

Emília: Pedrinho, acorda. Você tem uma grande missão a realizar.

Pedrinho: O quê? (acordando) Quem está falando?

Emília: Sou eu, a boneca Emília. Não me conhece mais não? Sou a boneca de Narizinho.

Pedrinho: Boneca Emília? Mas bonecas não falam. Deve ser um sonho. Vou voltar a dormir. (deita-se)

Emília: Será que eu vou ter que beliscar o seu bumbum?

Pedrinho: Acho bom, pra eu ter certeza de que não é um sonho.

Emília: (Se aproxima e belisca o seu bumbum)

Pedrinho: Ai, doeu, sabia!

Emília: Você não pediu?

Pedrinho: Pedi, mas não precisava exagerar.

Emília: E, então, está preparado?

Pedrinho: Preparado pra quê?

Emília: Preparado para encontrar um grande tesouro.

Pedrinho: Tesouro? Que tesouro?

Emília: O que você vai procurar.

Pedrinho: Mas é necessário que eu vá mesmo? Por que eu?

Emília: Porque você foi o escolhido.

Pedrinho: Essa história não está me cheirando bem. Mas, se é para o bem de todos, diga aos seus superiores que eu vou.

[...]

LOBATO, Monteiro. *Busca ao tesouro*. Disponível em: https://portal.educacao.go.gov.br. Acesso em: 14 fev. 2022.

1. Quem são os personagens da peça teatral que você acabou de ler?

---

2. Como o nome dos personagens aparecem na cena?

____

____

3. As peças teatrais são divididas em:

- [ ] capítulos.
- [ ] cenas.
- [ ] versos.
- [ ] estrofes.

4. A peça trata de:

- [ ] uma bruxa na floresta.
- [ ] um tesouro escondido.
- [ ] um peixe das águas claras.
- [ ] o dia a dia no Sítio do Picapau Amarelo.

VAMOS ENTENDER!

Vamos estudar com mais ênfase os sinais gráficos travessão e dois-pontos.

O **travessão** é utilizado para indicar a fala de alguém em um diálogo. Por exemplo:

– Oi, Márcia. Lembre-se de que hoje temos aula de vôlei na quadra da escola.

Já os **dois-pontos** são usados para anunciar a fala de alguém ou indicar uma enumeração.

Exemplo 1: São personagens de Monteiro Lobato**:** Narizinho, Pedrinho, Dona Benta e Emília.

Exemplo 2: Daniel falou a Rosa**:**

– Junte-se a nós!

1. Reescreva o diálogo a seguir, substituindo o nome dos personagens por travessão.

> Emília: Pedrinho, acorda. Você tem uma grande missão a realizar.
>
> Pedrinho: O quê? (acordando) Quem está falando?
>
> Emília: Sou eu, a boneca Emília. Não me conhece mais não? Sou a boneca de Narizinho.

2. Organize as falas de Emília e Pedrinho, colocando-as na ordem em que aparecem na 1ª cena de *Busca ao tesouro*.

> – Você não pediu?
>
> – Será que eu vou ter que beliscar o seu bumbum?
>
> – Acho bom, pra eu ter certeza de que não é um sonho.
>
> – Ai, doeu sabia!
>
> – Pedi, mas não precisava exagerar.

3. Pontue o diálogos a seguir com **travessão** e **dois-pontos**.

Camila perguntou à mãe ☐

☐ Mamãe, você viu minha boneca?

☐ Qual boneca, Camila?

☐ A boneca Lelê, que você me deu de presente.

☐ Procure na sala. Deve estar lá.

4. Leia as frases a seguir e coloque os **dois-pontos** no lugar correto.

a) Amanhã será um dia muito especial, pois vou comprar meu material escolar lápis, borracha, régua, caderno e canetinhas coloridas.

b) Hoje só preciso de coisas boas calma, descanso e alegria.

c) Ufa, como foi demorado na feira! Mas consegui trazer tudo para a salada alface, tomate, rúcula e espinafre.

d) Gosto muito de ler. Meus temas prediletos são suspense, aventura e romance.

5. Leia o texto a seguir e responda oralmente às atividades.

Um casal de idosos visitou alguns parentes que moram em um pequeno município de Goiás. Ao chegarem, os parentes ficaram muito surpresos:

– Que visita maravilhosa! – exclamou um deles.

– Sejam bem-vindos! – disse um sobrinho do casal.

a) Que sinais de pontuação confirmam que o texto é um diálogo?

b) Por que o travessão foi usado?

c) Por que os dois-pontos foram usados?

VAMOS ESCREVER!

- Crie diálogos para a cena a seguir.

  O lápis e a borracha estão conversando na sala de aula.

  O lápis diz para a borracha:

  ____

  ____

  ____

  ____

  ____

  ____

  ____

  ____

  ____

DIÁRIO DE BORDO

Nestas atividades, você aprendeu:

- o gênero texto teatral e suas características;
- o uso dos sinais de pontuação travessão e dois-pontos.

SEQUÊNCIA 17

VAMOS CONVERSAR!

Leia a história em quadrinhos a seguir.

NIK. *Gaturro.*

1. Gaturro é o personagem da história em quadrinhos que você acabou de ler. O som de alguns objetos está perturbando o sono dele. Quais são esses objetos?

____

____

____

2. Quais sons acompanham cada elemento apresentado?

VAMOS ENTENDER!

Como você já sabe, todas as coisas recebem um nome. As palavras que nomeiam seres e objetos são denominadas **substantivos**.

1. Circule todos os substantivos na história em quadrinhos (ou HQ) que você leu.

2. Escreva o nome dos objetos a seguir.

NERTHUZ/SHUTTERSTOCK

ARJUNAGIHAN/SHUTTERSTOCK

AURORA72/SHUTTERSTOCK

YURLICK/SHUTTERSTOCK

MARADAISY/SHUTTERSTOCK

NOTIONPIC/SHUTTERSTOCK

3. Forme uma frase com cada substantivo da atividade **2**.

____

____

____

____

____

____

4. Escreva o feminino dos substantivos a seguir.

a) senhor ____________

b) professor ____________

c) garoto ____________

d) funcionário ____________

e) juiz ____________

f) leão ____________

g) artesão ____________

h) secretário ____________

i) herói ____________

j) poeta ____________

k) homem ____________

l) réu ____________

m) rapaz ____________

n) maestro ____________

5. Complete as lacunas das frases a seguir com um substantivo. Use a criatividade!

a) O ________________ é meu melhor amigo.

b) Ganhei uma ________________ do meu avô.

c) Preciso arrumar minha ________________ para ir à escola amanhã.

d) Mamãe me deu um ________________ de presente.

e) Gosto muito do meu ________________ azul-claro.

f) Minha ________________ é amarela.

g) Fui à ______________________ dos meus tios no último fim de semana.

h) Eu e Marcela fomos ao ______________________.

i) Na praia, é preciso utilizar ______________________ e ______________________ para se proteger do sol.

6. O substantivo **policial** foi usado nas duas frases a seguir.

I. O policial ajudou a salvar o bebê.
II. A policial foi homenageada pelos serviços prestados.

- Que diferença é possível perceber nas duas frases?

____

____

____

7. Reescreva o texto a seguir, alterando o gênero dos substantivos em destaque e fazendo as alterações necessárias.

Meus **primos** decidiram organizar uma confraternização. Convidaram os **amigos** mais próximos e chamaram **cantores** para animar o evento. Além disso, contrataram **decoradores**, **cozinheiros** e **garçons**.

____

____

____

____

____

VAMOS ESCREVER!

- Na escola, além de estudar, brincamos e conhecemos muitas pessoas. Ela é nossa segunda casa. Nos quadrinhos a seguir, monte uma pequena história que mostre como é sua preparação para chegar lá: acordar, vestir-se, organizar o material etc. Não se esqueça de utilizar diálogos em balões de fala, além dos desenhos.

DIÁRIO DE BORDO

Nestas atividades, você aprendeu:

- o gênero textual história em quadrinhos e seus recursos expressivos;
- os substantivos masculinos e femininos.

SEQUÊNCIA 18

VAMOS CONVERSAR!

Leia, a seguir, um trecho de uma autobiografia.

Autobiografia de Pedro

Eu me chamo Pedro e tenho 8 anos. Minha mãe se chama Ana, e meu pai, Alfredo. Tenho uma irmã mais nova, a Ana Clara. Gosto de passear e de ir à praia. Moro na cidade de Petrópolis, no Rio de Janeiro. Minha cidade fica na região serrana do estado, local onde faz muito frio. Estou no 3º ano do Ensino Fundamental, e minha professora se chama Mariana. Na escola, tenho muitos amigos: Lucas, Amanda, Mariana, Gabriel, Rafael, João e Carlos. Gosto de ler e de desenhar. Quando estou em casa, curto mesmo jogar *videogame*. Nas últimas férias, minha família e eu fomos a Cabo Frio, outra cidade do Rio de Janeiro, na Região dos Lagos. Gosto muito de lá, pois posso ir à praia e me divertir bastante. Quando eu crescer, quero ser médico. Desejo realizar cirurgias e ajudar as pessoas a recuperar a saúde.

Texto elaborado para fins didáticos.

1. O texto que você acabou de ler é:

- [ ] uma biografia.
- [ ] uma tirinha.
- [ ] uma autobiografia.
- [ ] um conto de fadas.

2. Em uma autobiografia, escrevemos sobre acontecimentos e curiosidades de nossa vida. Na autobiografia de Pedro, o que ele deseja ser quando crescer?

- [ ] Programador de jogos.
- [ ] Médico.
- [ ] Guia turístico.
- [ ] Guarda-vidas.

3. Onde Pedro passou as últimas férias?

- [ ] Em Petrópolis.
- [ ] Em casa.
- [ ] Em Cabo Frio.
- [ ] Na escola.

VAMOS ENTENDER!

1. Leia o trecho a seguir, retirado da autobiografia de Pedro, e organize no quadro as palavras em destaque, de acordo com o que se pede.

> Eu me chamo **Pedro** e tenho 8 anos. Minha **mãe** se chama **Ana**, e meu **pai**, **Alfredo**. Tenho uma irmã mais nova, a **Ana Clara**. [...] Moro na **cidade** de **Petrópolis**, no **Rio de Janeiro**. [...] Na **escola**, tenho muitos **amigos**: **Lucas**, **Amanda** [...].

Substantivos próprios	Substantivos comuns

- **Substantivo** é a palavra que dá nome a pessoas, animais, lugares, objetos, sentimentos.
- **Substantivo comum** é a palavra que nomeia algo comum, sem identificá-lo. Exemplo: Como essa **cidade** é quente!
- **Substantivo próprio** é a palavra que nomeia algo particular. Exemplo: **Manaus** é muito quente!

2. Circule os substantivos comuns e sublinhe os substantivos próprios.

casa	gato	Brasil	bola
José	boneca	África	Carolina
mesa	lápis	Fortaleza	Brasília
bombeiro	Santos	escola	besouro

3. Escreva um substantivo próprio para nomear cada substantivo comum a seguir.

a) cidade _______________

b) livro _______________

c) filme _______________

d) personagem _______________

4. Para cada imagem, escreva um substantivo próprio e um substantivo comum.

TAMARA DIDENKO/SHUTTERSTOCK

DOMINSTRELECKA/SHUTTERSTOCK

____

____

OFENHESSE/SHUTTERSTOCK

JURGENS POTGIETER/SHUTTERSTOCK

____

____

VAMOS ESCREVER!

- Agora é a sua vez de escrever uma autobiografia! No primeiro parágrafo, escreva o seu nome, quantos anos você tem, o nome de seus pais ou responsáveis etc. Em seguida, comente as coisas de que gosta de fazer, os acontecimentos especiais e divertidos, entre outros fatos que julgar interessantes.

DIÁRIO DE BORDO

Nestas atividades, você aprendeu:

- o gênero autobiografia e suas características;
- a classificação dos substantivos em próprios e comuns.

SEQUÊNCIA 19

VAMOS CONVERSAR!

A pintura é uma manifestação artística muito antiga, na qual são utilizadas técnicas de coloração. Por meio dela, é possível representar várias situações, muitas delas do ponto de vista de seu autor.

Veja uma tela pintada pelo artista Ivan Cruz.

IVAN CRUZ. FOTO DE LUDMILA GUERRA.

CRUZ, Ivan. *Ciranda II*. 2004. Acrílico sobre tela, 0,30 m × 0,40 m.

1. A pintura retrata qual cena do cotidiano das crianças?

____

____

2. Qual é a brincadeira presente na cena?

____

____

3. Além das crianças, quais outros elementos você identifica na cena?

____

____

____

VAMOS ENTENDER!

Como você já sabe, os substantivos podem variar em gênero (masculino e feminino) e número (singular e plural).

1. Complete o quadro com o feminino dos substantivos masculinos.

Substantivos masculinos	**Substantivos femininos**
homem	______________
padrinho	______________
boi	______________
coelho	______________
galo	______________
professor	______________

2. Classifique os substantivos a seguir em comum ou próprio, masculino ou feminino. Observe o exemplo.

a) Patrícia: substantivo próprio, feminino.

b) lugar: ______________________________

c) borboleta: ______________________________

d) sofá: ______________________________

e) chinelo: ______________________________

f) portão: ______________________________

g) porta: ______________________________

h) Mariana: ______________________________

i) Brasil: ______________________________

3. Altere para o feminino os substantivos destacados nas frases a seguir, fazendo as adequações necessárias.

a) Ganhei um **cachorro** muito **fofo** no meu aniversário.

____

____

b) Meu **professor** leu um livro de suspense para toda a classe.

____

____

c) Meu **pai** fez uma festa surpresa para meu **avô**.

____

____

d) **Paulo**, **Rafael** e **Antônio** apresentaram um trabalho sobre **leões**.

____

____

____

4. Escreva o plural dos substantivos a seguir.

a) garfos ______________

b) livro ______________

c) carro ______________

d) colher ______________

e) rapaz ______________

f) mês ______________

g) pastel ______________

h) funil ______________

i) farol ______________

j) anão ______________

k) colchão ______________

l) sol ______________

5. Complete as frases a seguir com **a** ou **o**. Não se esqueça de utilizar letra maiúscula no início.

a) ______ colega se chama Valda.

b) ______ chefe é um cara legal!

c) Amanda é ______ estudante que estávamos procurando.

d) Carlos é ______ jovem certo para esse papel.

e) Dona Carla é ______ vendedora do mês.

6. Assinale as palavras cujo plural está escrito de forma incorreta.

- [ ] bolsas
- [ ] cores
- [ ] jornals
- [ ] cãos
- [ ] pães
- [ ] corações
- [ ] troféus
- [ ] chapéis
- [ ] digitais
- [ ] mães

7. Escreva o plural correto das palavras que você assinalou na atividade anterior e crie uma frase com cada uma delas.

VAMOS ESCREVER!

- Reveja a pintura da seção **Vamos conversar!** e escreva um texto narrando uma nova cena para ela. Por exemplo, na imagem original, as crianças estão se divertindo, brincando de roda. O que elas podem fazer para se divertir mais? Criar novas brincadeiras? Use a imaginação!

Se desejar, ilustre a cena utilizando uma folha de papel sulfite.

DIÁRIO DE BORDO

Nestas atividades, você aprendeu:

- que a pintura aguça nossos sentidos e nossa percepção;
- o gênero e o número dos substantivos.

SEQUÊNCIA

20

VAMOS CONVERSAR!

Leia o texto a seguir sobre o guepardo, animal que vive nas savanas africanas.

Guepardo

PEDRO HELDER PINHEIRO/SHUTTERSTOCK

O guepardo, também conhecido como chita, é o animal terrestre mais rápido da Terra. Esse integrante da família do gato pode chegar, numa corrida curta, a uma velocidade de mais de 112 quilômetros por hora.

Os guepardos vivem nas savanas africanas, na península Arábica e no sudoeste da Ásia.

Pequenas manchas pretas cobrem a maior parte do pelo amarelo--claro de seu corpo. A barriga é branca, e o rabo tem anéis escuros. Linhas pretas correm dos olhos para o canto da boca.

Os guepardos costumam viver sozinhos ou em pequenos grupos. Caçam pequenos animais, de preferência durante o dia. Quando pegam sua presa, eles a derrubam e a cortam com os dentes.

GUEPARDO. Texto elaborado com base em: *Escola Brittanica*. Disponível em: https://escola.britannica.com.br/artigo/guepardo/480951. Acesso em: 16 fev. 2022.

1. De acordo com o **verbete** que você leu, o guepardo é conhecido por qual outro nome?

___

2. O guepardo faz parte da família de um animal bastante conhecido. Que família é essa?

___

3. Responda oralmente: que parágrafo do verbete apresenta as características físicas do guepardo?

VAMOS ENTENDER!

1. Sobre as características físicas do guepardo, marque **V** para verdadeiro e **F** para falso.

- ( ) Grandes pintas cor de laranja.
- ( ) Pequenas manchas pretas.
- ( ) Pelo amarelo-claro.
- ( ) Rabo com anéis escuros.
- ( ) Linhas vermelhas dos olhos para o canto da boca.

Como você já sabe, adjetivo é a palavra que caracteriza o substantivo, ou seja, que determina alguma qualidade dele. Exemplo: A **menina** ficou **alegre** (substantivo: menina; adjetivo: alegre – característica atribuída à menina).

2. Escreva um adjetivo para cada substantivo a seguir. Depois, forme uma frase com eles. Veja o exemplo.

a) Caderno pequeno.

Achei aquele caderno pequeno.

b) Cidade ____________________.

____

c) Caneta ____________________.

____

d) Quadro ____________________.

____

3. Forme adjetivos com base nos substantivos a seguir. Observe o exemplo.

a) bondade: bondoso

b) vaidade: ______________________________

c) perigo: ______________________________

d) orgulho: ______________________________

e) medo: ______________________________

f) esperança: ______________________________

4. Leia atentamente as frases a seguir. Em seguida, sublinhe com um traço os substantivos e com dois traços os adjetivos.

a) O elefante é um animal grande.

b) A melancia é uma fruta muito saborosa e refrescante.

c) Renata, uma menina bem alta, joga basquete.

d) Rodrigo será um excelente jogador de futebol.

e) A bolsa nova que mamãe comprou é vermelha.

f) A vitamina de banana e morango estava deliciosa.

5. Leia as palavras a seguir em voz alta. Depois, forme substantivos com base nos adjetivos. Observe o modelo.

a) feliz: felicidade

b) alegre: ______________________________

c) contente: ______________________________

d) triste: ______________________________

e) raivoso: ______________________________

f) velho: ______________________________

g) rico: ______________________________

h) pobre: ______________________________

i) saboroso: ______________________________

j) dolorido: ______________________________

k) preguiçoso: ______________________________

l) colorido: ______________________________

VAMOS ESCREVER!

- Crie um verbete enciclopédico. Para isso, escolha um animal de que você goste e pesquise algumas informações sobre ele. Consulte uma enciclopédia, faça pesquisas na internet ou converse com familiares.

Desenhe o animal ou cole uma foto dele	
Animal	
Tamanho	____________________
Características físicas	____________________ ____________________ ____________________
Comportamento	____________________ ____________________ ____________________ ____________________

DIÁRIO DE BORDO

Nestas atividades, você aprendeu:

- o gênero verbete enciclopédico e suas características;
- os adjetivos.

SEQUÊNCIA 21

VAMOS CONVERSAR!

As campanhas de ação comunitária têm o objetivo de conscientizar a sociedade em relação a determinado fato e, com isso, ajudar as pessoas mais necessitadas de apoio, seja por meio de doações materiais (alimentos, brinquedos etc.), seja por meio da prestação de serviços (consultas médicas e odontológicas, auxílio psicológico etc.).

Leia a campanha de conscientização a seguir.

Doe brinquedos e material escolar

No dia 12 de outubro de 2022, haverá uma festa para as crianças carentes do Bairro Central.

Durante os meses de agosto a outubro, receberemos brinquedos e materiais escolares.

Entregue sua doação na Secretaria de Educação de Campo Belo e ajude o próximo!

Fazer o bem faz bem!

OQVECTOR/SHUTTERSTOCK

OLHAZS_ART/SHUTTERSTOCK

TUULIJUMALA/SHUTTERSTOCK

Texto elaborado para fins didáticos.

1. Qual é o objetivo da campanha apresentada?

____

____

2. Em qual cidade a campanha aconteceu?

____

3. Onde as doações deverão ser entregues?

____

____

VAMOS ENTENDER! !!!

Vamos relembrar o que são verbos?

> Os **verbos** são uma classe de palavras que expressam ações (fazer, praticar, correr, entre outras), acontecimentos, estados ou fenômenos da natureza e possuem várias flexões (tempo, modo, número e pessoa).

1. Preencha as lacunas a seguir com os verbos que estão entre parênteses. Eles indicam ação ou movimento. Conjugue-os corretamente, observando o exemplo.

   a) As crianças ganham/ganharam/ganharão muitos brinquedos.

   b) Os munícipes ______________________ materiais escolares às crianças carentes. (doar)

   c) A Secretaria de Campo Belo ______________________ as doações. (arrecadar)

d) Marcelo e Dráuzio ______________________ cobertores às pessoas em situação de rua. (distribuir)

e) Minha comunidade ______________________ doação de brinquedos. (receber)

2. Elabore uma frase com as formas verbais a seguir.

a) passearam: ______________________

b) fazer: ______________________

c) amar: ______________________

d) brincou: ______________________

e) cozinhou: ______________________

3. Circule as formas verbais das frases a seguir.

a) Ontem, choveu muito na minha cidade.

b) Costumo acordar cedo, logo ao amanhecer.

c) Você gostaria de dançar comigo?

d) Por favor, não deixe a porta aberta.

4. Leia as frases a seguir em voz alta. Depois, identifique as formas verbais que indicam estado e pinte-as de amarelo.

a) Minha irmã continuou a fazer a tarefa de casa.

b) Ele ficou com muita esperança.

c) A menina permaneceu pensativa.

d) João tornou-se um excelente advogado.

e) Fernanda é muito estudiosa.

f) Você parece preocupada. O que houve?

VAMOS ESCREVER!

- Observe as imagens a seguir e crie uma frase para cada uma delas, de modo que todas tenham, pelo menos, um verbo.

AFRICA STUDIO/SHUTTERSTOCK

JACK FROG/SHUTTERSTOCK

ESB PROFESSIONAL/SHUTTERSTOCK

DIÁRIO DE BORDO

Nestas atividades, você aprendeu:

- o gênero textual campanha de conscientização;
- o uso dos verbos.

SEQUÊNCIA 22

VAMOS CONVERSAR!

No diário de viagem, é comum o registro de fatos que chamaram a atenção durante os passeios.

Leia uma das páginas do diário de Marcela.

16 de abril de 2022.

Meu querido diário,

Hoje vou relatar uma viagem que fiz no início do ano. Eu e minha família fomos conhecer a cidade de Vitória, no estado do Espírito Santo. Ficamos no apartamento da minha tia, que se chama Dora. Quero me lembrar de todos os detalhes para poder escrever aqui. A primeira coisa que descobri foi que Vitória é uma ilha, acredita? E eu pensava que ilha ficava no meio de praias desertas.

Minha tia foi nos buscar no aeroporto, pois ela mora pertinho de lá. Preparou um café bem gostoso para nós. Depois, descansamos da viagem e fomos passear no restante do dia. Conhecemos o centro, as lojas, as praias, e um detalhe: as praias de vitória são bem diferentes das nossas aqui, porque a areia de lá é bem grossa, e o mar não tem muitas ondas. À noite, fomos comer *pizza* num restaurante bem bonito.

A tia Dora sempre nos recebe muito bem! Ela é um amor!

No dia seguinte, fomos conhecer um parque chamado Pedra da Cebola. Lá havia uma pedra bem grande, com folhas na parte de cima, iguais a uma cebola! Achei o parque bem limpo e com muita natureza ao redor! Depois, fomos almoçar e, por último, conhecemos o Museu da Vale.

Fizemos muitas coisas legais durante essa viagem!

Na próxima página, vou falar sobre as serras, o Convento da Penha e a praia de Guarapari.

Até breve, diário!

Beijos da Marcela.

Texto elaborado para fins didáticos.

1. Quando a página do diário que você leu foi escrita?

____

____

2. Quem escreveu o relato?

____

3. Para onde Marcela viajou com a família?

____

____

VAMOS ENTENDER!

Vamos relembrar o estudo dos substantivos e dos verbos?

Substantivo é a classe de palavras que nomeia seres, objetos, espaços, sentimentos etc.

Verbo é a classe de palavras que indica ação ou movimento, estado ou fenômenos da natureza.

Observe como é fácil localizar os substantivos e os verbos nas frases.

João comeu uma maçã saborosa.

Pergunta 1: Quem comeu uma maçã saborosa?

Resposta 1: João.

Pergunta 2: O que João fez?

Resposta 2: Comeu uma maçã saborosa.

Então, **João** é o substantivo da frase, e **comeu** é a forma verbal do verbo comer.

Mas perceba que nessa frase há outro substantivo: **maçã**.

As frases podem apresentar mais de um substantivo e mais de um verbo. Fique atento!

1. Leia as frases a seguir, circule os substantivos e sublinhe os verbos.

   a) Eu e minha família fomos conhecer a cidade de Vitória.

   b) Marcela é uma menina que gosta de viajar.

   c) A pedra parecia uma cebola.

   d) A tia de Dora é um amor de pessoa.

2. Releia a página do diário de Marcela. Em seguida, pesquise 10 verbos e escreva-os a seguir.

____

____

____

3. Preencha o quadro de acordo com a classificação das palavras abaixo.

subir	chuva	arroz	vaca
amar	loja	cavalo	cantar
vender	moça	correr	falar
maçãs	viajar	castelo	pesquisar

Verbo	Substantivo

VAMOS ESCREVER!

- Você ganhou um diário e precisa escrever nele algo que viveu e de que gostou muito! Pode ser uma viagem, um passeio, uma tarde na praia... Não se esqueça de utilizar substantivos e verbos e de escrever informações detalhadas. Sigas as dicas a seguir e capriche na produção!

a) Lugar visitado.

b) Data.

c) O que você conheceu.

d) Houve registro em fotos?

e) Curiosidades e características do lugar visitado.

f) Pessoas que conheceu.

DIÁRIO DE BORDO

Nestas atividades, você aprendeu:

- o gênero textual diário de viagem;
- as funções do substantivo e do verbo na oração.

SEQUÊNCIA 23

VAMOS CONVERSAR!

Leia a reportagem a seguir.

Robôs aprenderam a praticar *parkour*

REPRODUÇÃO/REDES SOCIAIS

No dia 17 de agosto, a empresa de tecnologia Boston Dynamics divulgou um vídeo [...] nas redes sociais mostrando que seus robôs aprenderam a praticar *parkour*, um tipo de esporte em que é necessário vencer obstáculos.

O modelo, batizado de **Atlas**, está sendo desenvolvido desde 2013 e, aos poucos, está melhorando suas habilidades motoras. Se antes ele mal conseguia andar sem tropeçar, agora pula e dá cambalhotas sem dificuldade.

"*Parkour* é uma atividade de organização útil para a nossa equipe, pois destaca vários desafios que acreditamos ser importantes", explicou o líder do time de desenvolvimento [...], em comunicado.

ROBÔS aprenderam a praticar *parkour*. *Jornal Joca*, 17 ago. 2021. Disponível em: https://www.jornaljoca.com.br/maluquices-robos-aprenderam-a-fazer-parkour/. Acesso em: 17 fev. 2022.

1. Qual é o título da reportagem?

____

____

2. Que nome foi dado ao robô?

____

3. Que movimentos o robô consegue fazer sem dificuldade?

____

____

VAMOS ENTENDER!

Na reportagem que você leu, há alguns pronomes. Vamos relembrar o que são pronomes?

Pronome é a classe de palavras que substitui ou acompanha um substantivo (nome). Conforme a função que exercem, podem ser classificados em sete tipos, mas, agora, vamos trabalhar apenas três: pessoais (do caso reto), possessivos e demonstrativos.

- Os **pronomes pessoais do caso reto** são aqueles que indicam a pessoa do discurso (quem está falando). São eles: eu, tu(você), ele(a), nós, vós(vocês), eles(as).
- Os **pronomes possessivos** são aqueles que transmitem a ideia de posse. São eles: meu(minha), meus(minhas); teu(tua), teus(tuas); seu(sua), seus(suas); nosso(a), nossos(as); vosso(a), vossos(as).
- Os **pronomes demonstrativos** indicam a posição de algum elemento na frase em relação à pessoa do discurso. São eles: este(a), estes(as); esse(a), esses(as); aquele(a), aqueles(as); isto, isso.

1. Circule na reportagem as palavras que são pronomes.

2. Pinte de amarelo os pronomes pessoais, de azul os pronomes possessivos e de vermelho os pronomes demonstrativos.

a) Ela viajou com sua tia.

b) Amanhã, nós vamos ao campo de futebol do nosso time.

c) Eu e ele fomos ao cinema com nossos amigos.

d) Essa régua é minha.

3. Substitua o substantivo em destaque por pronomes pessoais e reescreva a frase.

a) **Rafael** é um menino muito estudioso.

____

b) **Camila**, **Emanuel e Tito** são amigos desde a infância.

____

c) **Renata** ama fazer experiências.

____

d) **Os meninos** estavam jogando bola na quadra da escola.

____

e) **Eu e minha mãe** viajamos para Fortaleza.

____

f) **A árvore** cresceu e deu muitos frutos.

____

g) **Eu, meus avós e meus pais** fizemos um amigo secreto.

____

4. Com os pronomes demonstrativos do quadro a seguir, complete cada frase com o pronome mais apropriado.

este	aquilo	essa	aquela	aquele

a) ______________ boneca é minha.

b) Coloque ______________ estojo na sua bolsa.

c) Você conhece ______________ menina?

d) O que é ______________ pacote debaixo da cama?

e) ______________ ali é um tamanduá?

5. Construa uma frase com cada pronome a seguir.

a) esta

____

b) aquilo

____

c) isto

____

d) esse

____

e) ela

____

f) minha

____

g) nosso

____

h) seu

____

VAMOS ESCREVER!

- Agora é a sua vez de produzir uma reportagem! Escolha um tema que você considere interessante e desenvolva-o de acordo com o que pesquisou. Ao final, compartilhe seu texto com os colegas e o professor.

DIÁRIO DE BORDO

Nestas atividades, você aprendeu:

- o gênero textual reportagem;
- os pronomes pessoais (caso reto), possessivos e demonstrativos.

SEQUÊNCIA 24

VAMOS CONVERSAR!

Leia a crônica a seguir.

Brinquedo de palavras

No livro todo sonho é possível: fada, bruxa, patinho feio que se transforma em cisne, princesa adormecida que é acordada por príncipe, que é transformado em sapo, em fera. Basta fechar os olhos. Ou abrir as páginas. Lá estão as crianças que sonham com um país encantado como Alice sonha no País das Maravilhas.

No País do Livro, todo pensamento tem asas e mora em castelo. Lá, encontramos Monteiro Lobato com a sua fantástica turma: Emília, Visconde, Narizinho, Pedrinho, Tia Nastácia, Dona Benta. História do mundo para um mundo de crianças.

No País do Livro, os escritores caminham gostosamente com palavras e personagens que colorem o céu de alegria. Palavras que têm segredo de fantasia, arco-íris, bailarina, vento maluquinho, fada, bolinha de sabão, boneca de pano.

[...]

Quando o livro é tocado, as estrelas conversam com as nuvens, com a lua e com o sol que, sorrateiro, desponta para acordar o galo que, todo pomposo, acorda a fazenda inteira: a galinha dos ovos de ouro, a galinha ruiva, a lebre, a tartaruga, a gata borralheira, os três porquinhos que não têm medo do lobo [...]. Histórias sem fim com final feliz – ou não.

O livro é um brinquedo de palavras. Nessa brincadeira sem fim, as crianças dão as mãos à magia das letras e criam histórias. Palavras e páginas que se abrem e, era uma vez...

MOTA, Regina. *Brinquedo de palavras*. Belo Horizonte, 2010.

1. A crônica que você acabou de ler fala sobre:

- [ ] natureza.
- [ ] escola.
- [ ] biblioteca.
- [ ] livros.

2. Quais personagens famosos dos contos infantis são citados na crônica?

____

____

____

____

3. Por que o livro é um brinquedo de palavras?

____

____

4. Qual autor brasileiro de histórias infantis é citado na crônica? Como você chegou a essa conclusão?

VAMOS ENTENDER!

Vamos relembrar o estudo da formação de palavras a partir de prefixos e sufixos.

Prefixo é o elemento que aparece **antes** do radical de uma palavra, atribuindo-lhe novo significado. Exemplo: necessário (palavra primitiva) – desnecessário (palavra derivada, com a inclusão do prefixo **des-**, que tem sentido de negação).

Sufixo é o elemento que aparece **depois** do radical de uma palavra, atribuindo-lhe novo significado. Exemplo: papel (palavra primitiva) – papelada (palavra derivada, com a inclusão do sufixo **-ada**).

1. Circule os prefixos que foram acrescentados às palavras a seguir.

infeliz   incapaz   desfazer

impossível   extraoficial

- Como essas palavras ficariam sem os prefixos?

2. Acrescente os prefixos a seguir, formando novas palavras.

a) contra + dizer = ______________________

b) i + legal = ______________________

c) ab + sorver = ______________________

d) in + suficiente = ______________________

e) re + fazer = ______________________

f) re + ler = ______________________

3. Forme novas palavras utilizando os sufixos do quadro a seguir. Se necessário, retire letras para formar as novas palavras. Observe o exemplo.

-inho -zinho -oso -osa -isar

Palavra	Sufixo	Nova palavra
aviso	-isar	avisar
cheiro	______	______
chuva	______	______
menino	______	______
pão	______	______
carro	______	______
carinho	______	______

4. Responda às questões a seguir, utilizando uma palavra formada com um sufixo. Observe o exemplo.

a) Quem é bom é: bondoso.

b) Quem tem amor é: ______________________________.

c) Quem tem atenção é: ______________________________.

d) Quem tem orgulho é: ______________________________.

e) Quem tem preguiça é: ______________________________.

VAMOS ESCREVER!

- Você vai escrever no caderno uma crônica sobre uma tarde que foi especial para você ou sobre algum acontecimento que o marcou bastante. Em seguida, deverá organizar suas ideias em frases e parágrafos.

Se não conseguir se lembrar de algo muito especial, use a imaginação e crie uma crônica sobre uma linda tarde de domingo. Após a escrita, leia seu texto novamente e veja se precisa melhorar algo. Se necessário, peça ajuda ao professor.

DIÁRIO DE BORDO

Nestas atividades, você aprendeu:

- o gênero textual crônica;
- a formação de palavras (prefixos e sufixos).

ALFABETO

ANEL
A a
A a

BOCA
B b
B b

CORAÇÃO
C c
C c

DADO
D d
D d

ESPELHO
E e
E e

FORMIGA
F f
F f

GIRASSOL
G g
G g

HARPA
H h
H h

ILHA
I i
I i

JANGADA
J j
J j

KIWI
K k
K k

LARANJA
L l
L l

MILHO

M m

M m

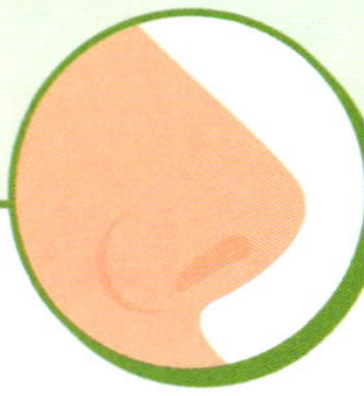

NARIZ

N n

N n

OURO

O o

O o

PORTA

P p

P p

QUIABO

Q q

Q q

ROSA

R r

R r

SOL

S s

S s

TELHA

T t

T t

URUBU

U u

U u

VENTILADOR

V v

V v

WI-FI

W w

W w

XADREZ

X x

X x

YAKISOBA

Y y

Y y

ZÍPER

Z z

Z z